Trümmer und Hoffnung

ein Gedichtband zeitloser Lyrik

Band 2

von

Anja Buschner

Illustration: Anja Buschner

Bibliografische Information der Deutschen Nationalbibliothek: Die Deutsche Nationalbibliothek verzeichnet diese Publikation in der Deutschen Nationalbibliografie; detaillierte bibliografische Daten sind im Internet über dnb.dnb.de abrufbar.

Die automatisierte Analyse des Werkes, um daraus Informationen insbesondere über Muster, Trends und Korrelationen gemäß §44b UrhG („Text und Data Mining") zu gewinnen, ist untersagt.

© 2024 Anja Buschner

ISBN: 978-3-7693-1598-1

Verlag: BoD · Books on Demand GmbH, In de Tarpen 42, 22848 Norderstedt
Druck: Libri Plureos GmbH, Friedensallee 273, 22763 Hamburg

Danksagung:

" Ein aufrichtiges Dankeschön an all jene,
die an mich geglaubt haben und mich auf meinem
poetischen Weg unterstützt haben.

Besonders meinem Ehemann möchte ich
meine tiefe Dankbarkeit aussprechen.
Seine unermüdliche Unterstützung und Ermutigung haben
mir nicht nur beim Erstellen dieses Buches geholfen,
sondern auch immer wieder die Kraft gegeben,
dieses Projekt anzugehen.

Ein besonderer Dank gilt auch dem
'ollen Deutschpauker' Rudolf Köster.
Durch seine Anleitung und sein Fachwissen
hat er mir die Feinheiten und Formen
der Gedichtskunst nähergebracht.

Ohne eure liebevolle Unterstützung und ermutigenden Worte
wäre dieses Werk nicht möglich gewesen. Danke, dass ihr an
mich geglaubt habt und mich inspiriert habt."

Anja Buschner

Inhalt

Vorwort..8
Funke in der Nacht................................10
Böse Saat...12
Höret, die ihr heute lebt.........................14
Erinnerungen..16
Neunzehn...18
Der letzte Kampf...................................20
Lieber Vater..22
Leere..24
Schattenwelt...26
Soldat...28
Requiem...30
Friedenswaffen.....................................32
Kriegstrommeln....................................34
Die Waffen schweigen..........................36
Warum..38
Tote Helden..40
Nur Worte...42
Propaganda..44
Der Teufel ist ein Egoist........................46
Das Haus der Lüge...............................48

Wandel	50
Fragen	52
Narben	54
Hass macht blind	56
Ich mein' ja nur	58
Ruf nach Frieden	60
Neue Wege	62
Lieder der Weide	64
Frei von Hass	66
Der letzte Tanz	68
Seelenflug	70
Alles wird gut	72
Die Schönheit der Nacht	74
Der Zauber des Mondes	76
Wahrer Frieden	78
So nebenbei	80
Die Zukunft, das sind wir	82
Frieden in Gefahr	84
Gegen Unrecht Leid und Not	86
Wenn ich tot bin	88
Schlusswort	90

Vorwort

In meinem zweiten Gedichtband "Trümmer und Hoffnung" lade ich dich ein, die Welt aus anderen Perspektiven zu sehen.

Er ist mein Aufbegehren gegen die Grausamkeiten und Zerstörungskraft des Krieges, während es gleichzeitig eine leidenschaftliche Ode an das Leben selbst ist.

In meinen Versen spiegeln sich die Höhen und Tiefen unserer Existenz wider, eingebettet in Worte, die das Leiden und die Hoffnung unserer Welt einfangen.

Mögen meine Worte nicht nur dein Herz berühren, sondern auch deine Stimme stärken, wenn es darum geht, für eine bessere Zukunft einzutreten.

Funke in der Nacht

Und wieder geht ein Tag zur Neige,
und wieder denke ich bei mir:
Sind all die Worte, die ich schreibe,
nur stumme Schreie auf Papier?

Ein Flüstern, doch ein Aufbegehren,
in einer kalten, wirren Zeit.
Die Möglichkeit, mich zu erwehren,
und etwas, das mir Kraft verleiht.

Ein zarter Hauch in schweren Zeiten,
ein Funke nur in tiefster Nacht.
Doch wird er stetig mich geleiten,
bis er das Feuer neu entfacht.

Böse Saat

In einer unheilvollen Nacht,
hat Eris einen Streit entfacht.
Nur Aug' um Aug' und Zahn um Zahn.
So fing die Katastrophe an.
Nemesis' heiß brennend' Wut
entzündete die erste Glut.
Und zu des Kratos' Donnerhall,
entbrannten Feuer überall.
Des Ares' tödlich Kriegsmassaker
lässt blühen Hardes' Totenacker.

Höret, die ihr heute lebt

Ein Sturm aus Hass und Wut, so groß,
entbrannte einst in tiefster Nacht.
Er zog weit über Stadt und Land,
und hat Zerstörung nur gebracht.

Ein Todessturm aus Hass entbrannt,
der trieb die Wahrheit vor sich her.
Ein Volk versank in Dunkelheit,
die Blicke wurden kalt und leer.

Die Hoffnung brach im Sturm entzwei,
verloren war, was einst bestand,
die Träume fielen, lautlos, schwer.
Das Volk blieb stumm, von Angst gebannt.

Kein Aufbegehren und kein Schrei,
der Sturm verschlang sie, Stück für Stück.
Kein Licht drang durch die Dunkelheit,
kein Weg, der führte sie zurück.

So höret, die ihr heute lebt,
und seht die Schatten dieser Zeit.
Lasst es nicht zu, dass neu entsteht,
ein Sturm, der nur aus Hass gedeiht.

Erinnerungen

Verblasst, verdrängt und unterdrückt,
verändert und hübsch ausgeschmückt.
Schon lang vergangen und doch nah.
Die alte Zeit so wunderbar?

Von falschen Führern stets verblendet.
Wir sollten wissen, wie das endet.
Wieso kann das so oft geschehen?
Wie lang' kann das so weiter gehen?

Mit Mut für Recht und Land vereint,
ein jedes Opfer richtig scheint.
Folgen heißt das neue Denken,
sie werden uns schon richtig lenken.

Gibt's Waffen, nur zum Schutz von Leben?
Kann es denn sowas wirklich geben?
Kein Krieg! Nein, nur der Kampf für Frieden!
Wo ist die Menschlichkeit geblieben?

Am Ende dieser wirren Zeit,
was ist es, was noch übrig bleibt?
Städte, Dörfer ausgebrannt,
durch's Heldentum für's Vaterland?

Und Eltern die um Kinder weinen?
Sie suchen Trost und finden keinen.
Die Wahrheit wurde leicht verbogen,
so haben wir uns selbst belogen.

Wie tröstlich doch zu jeder Zeit,
dass irgendwann Erinn'rung bleibt.
Verklärt, verdreht und unterdrückt,
verändert worden, Stück für Stück.

Neunzehn

Er war erst neunzehn Jahre alt
und eigentlich noch fast ein Kind
So jung und voller Tatendrang,
wie's alle einst gewesen sind.

Er wollte kämpfen für sein Land,
so zog er los im Morgenrot.
Doch lang bevor es Abend war
da war der arme Junge tot.

Der Tod zog über Stadt und Land
und nahm noch viele arme Seelen.
Sie starben für ihr Vaterland,
sie folgten alle nur Befehlen.

Die Schlachten sind schon lang vergangen
und längst vergessen ist das Leid.
Allein ein Stein mit vielen Namen
erinnert noch an diese Zeit.

Der letzte Kampf

Wie oft hat er ihn schon verflucht,
den Tag, als er zum Kampfe zog?
Nun liegt er hier so schwer verletzt
und bettelt nach dem schnellen Tod.

Der Himmel grau, die Erde kalt,
sein Atem schwer, das Ende naht.
Die Hoffnung schwindet, Mut zerfällt,
er stirbt für irgend einen Staat.

Von Blut durchtränkt ist nun der Sand.
Kein Wimmern mehr im kalten Wind.
Er starb voll Schmerz fürs Vaterland,
und war doch nie sein liebend Kind.

Lieber Vater

Das Leben ohne dich ist schwer,
drum sende ich die Zeilen dir.
Dein Platz ist schon so lange leer,
komm deshalb schnell zurück zu mir.

Zum Kampfe schickten sie dich fort,
in diesen gnadenlosen Krieg,
an einem weit entfernten Ort,
für Ruhm und einen großen Sieg.

Der Krieg, er ist mir so zuwider,
ich wünschte, du wärst wieder hier.
Drum Vater, leg die Waffe nieder
und komm gesund zurück zu mir.

Und wenn mir auch das Herz zerbricht,
weil jede Hoffnung mir zerrinnt,
versprech ich dir, ich weine nicht.
Dein dich auf ewig liebend Kind.

Leere

Im tiefen Schatten, weilt das Herz,
verzweifelt, dunkel und allein.
Umhüllt von Einsamkeit und Schmerz,
geboren aus vergang'ner Pein.

Die Trauer meinen Geist umringt,
ganz langsam von der Seele frisst
und allen Lebensmut verschlingt
bis nichts mehr davon übrig ist.

Schattenwelt

Ein jeder zweifelt mal am Sinn,
ganz ohne jeden Lebensmut,
und alles führt zum Dunkel hin,
wo Trauer tanzt in wilder Glut.

Für jeden kommt einmal die Zeit,
denn jeder tanzt mal diesen Tanz.
Ein Schattenspiel der Traurigkeit,
so fern von jeder Akzeptanz.

So eingehüllt in finstre Nacht,
da spüren wir uns selbst nicht mehr.
Und wenn der Dämon erst erwacht,
dann fällt das Leben furchtbar schwer.

Denn sich des Dämons zu erwehren,
ist wahrlich schwerer, als man glaubt.
Man muss entschlossen aufbegehren,
weil Mut ihm seine Kräfte raubt.

Soldat

Was brachte ihm sein Vaterland
am Tag, an dem die Hoffnung schwand?
Er betete zu allerletzt,
dass Gott ihn endlich sterben lässt.

Zu spät erst wurde ihm gewahr,
dass alles eine Lüge war.
Er kämpfte niemals für sein Land,
er kämpfte für des Adels Tand.

Requiem

Am Ende, wenn die Worte schweigen
und nichts mehr bleibt als Hass und Streit,
dann tanzt der Tod den letzten Reigen
bis hin in alle Ewigkeit.

Friedenswaffen

Freudig ruft ihr zu den Waffen.
Ihr wollt damit Frieden schaffen.
Redet über's Menschenrecht,
arrogant und selbstgerecht.

Friedenslieder sollten klingen!
Waffen werden ihn nicht bringen.
Waffen bringen Leid und Not,
Letzten Endes siegt der Tod.

Ihr stimmt an des Krieges Lied,
sprecht von Frieden, meint Profit.
Jeder Krieg und jede Waffe,
mehrt das Geld, in eurer Tasche.

Kriegstrommeln

So sieht er aus, der große Sieg:
Ein Feld aus Trümmern, Leid und Tod.
Wir sangen laut des Krieges Lied
und schürten somit Hass und Not.

Der Krieg zog ein in unser Land
mit lauten Trommeln und Fanfaren.
Wir haben erst zu spät erkannt,
dass selbst wir Trommelschläger waren.

Die Waffen schweigen

Der Kinder Lachen ist vergangen,
nur Stille, wo einst Vögel sangen.
Noch nicht einmal ein einz'ger Schrei,
und selbst das Weinen ist vorbei.

Sogar die Waffen schweigen nun,
genau wie es die Toten tun.
So schaurig, doch welch Ironie,
es scheint so friedlich wie noch nie.

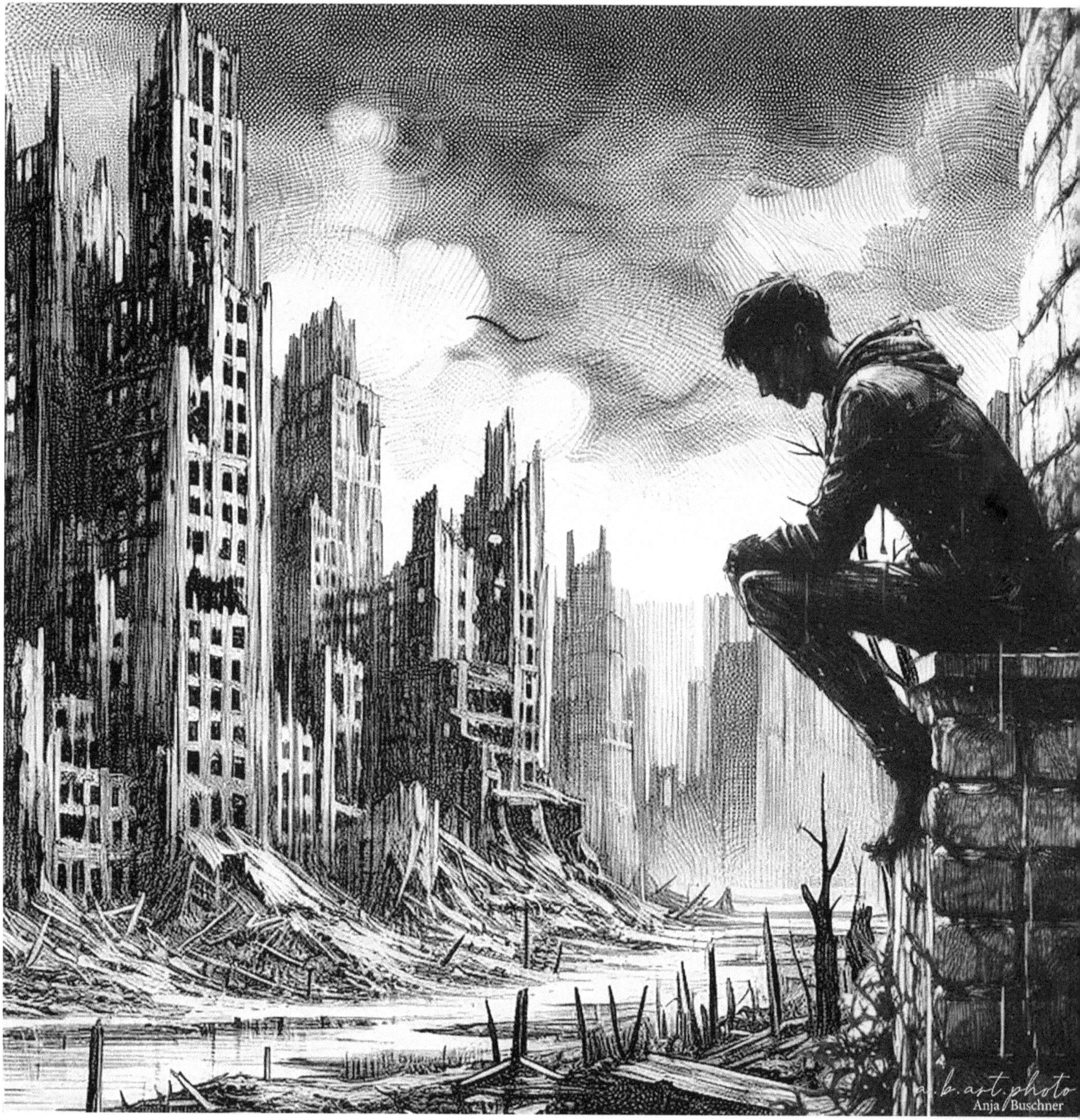
a.b.art.photo
Anja Buschner

Warum?

Jeder will doch einfach leben,
in der eig'nen heilen Welt.
Wird es jemals Frieden geben?
Sag, wie ist's darum bestellt?

Wer ist gut, und wer ist schlecht,
worin liegt der Unterschied?
Jeder meint, er wär' im Recht,
weil nur er die Wahrheit sieht.

Warum hassen wir so sehr?
Was ist bloß mit uns geschehen
Warum fällt es uns so schwer,
auf einander zu zugehen?

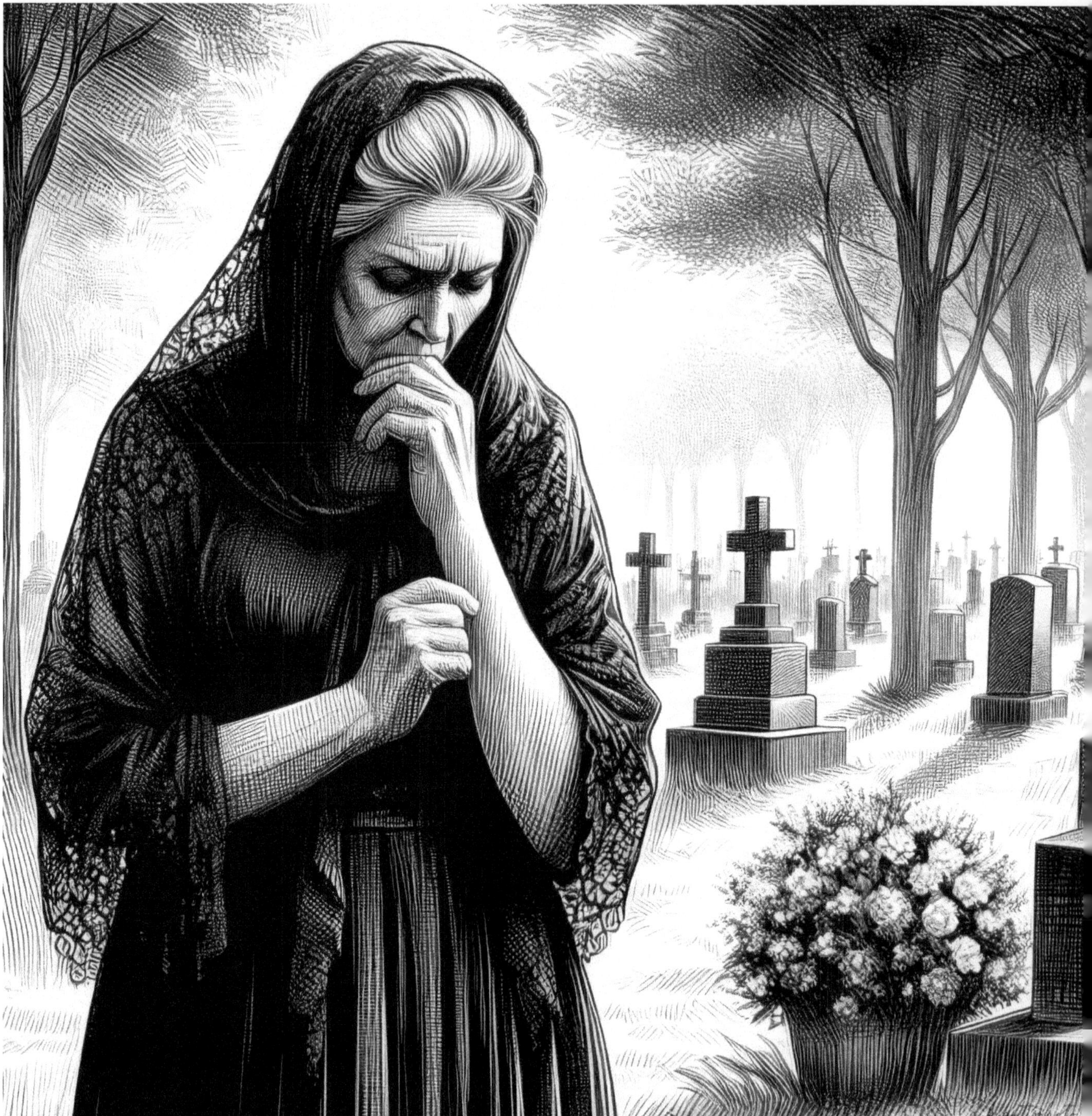

Tote Helden

Mit eindringlichen Worten,
strategisch gut platziert,
da wollen sie erreichen,
dass ihr im Takt marschiert.

Sie reden von Raketen,
von Panzern und von Sieg,
versprechen Ruhm und Ehre
im großen Friedenskrieg.

Sie mahnen euch zu Opfern
und preisen heiß die Schlacht
Doch alles was sie wollen,
ist Einfluss, Geld und Macht.

Schaut hinter die Fassade
von Trug und edlem Schein!
Sonst könnten eure Söhne
bald tote Helden sein.

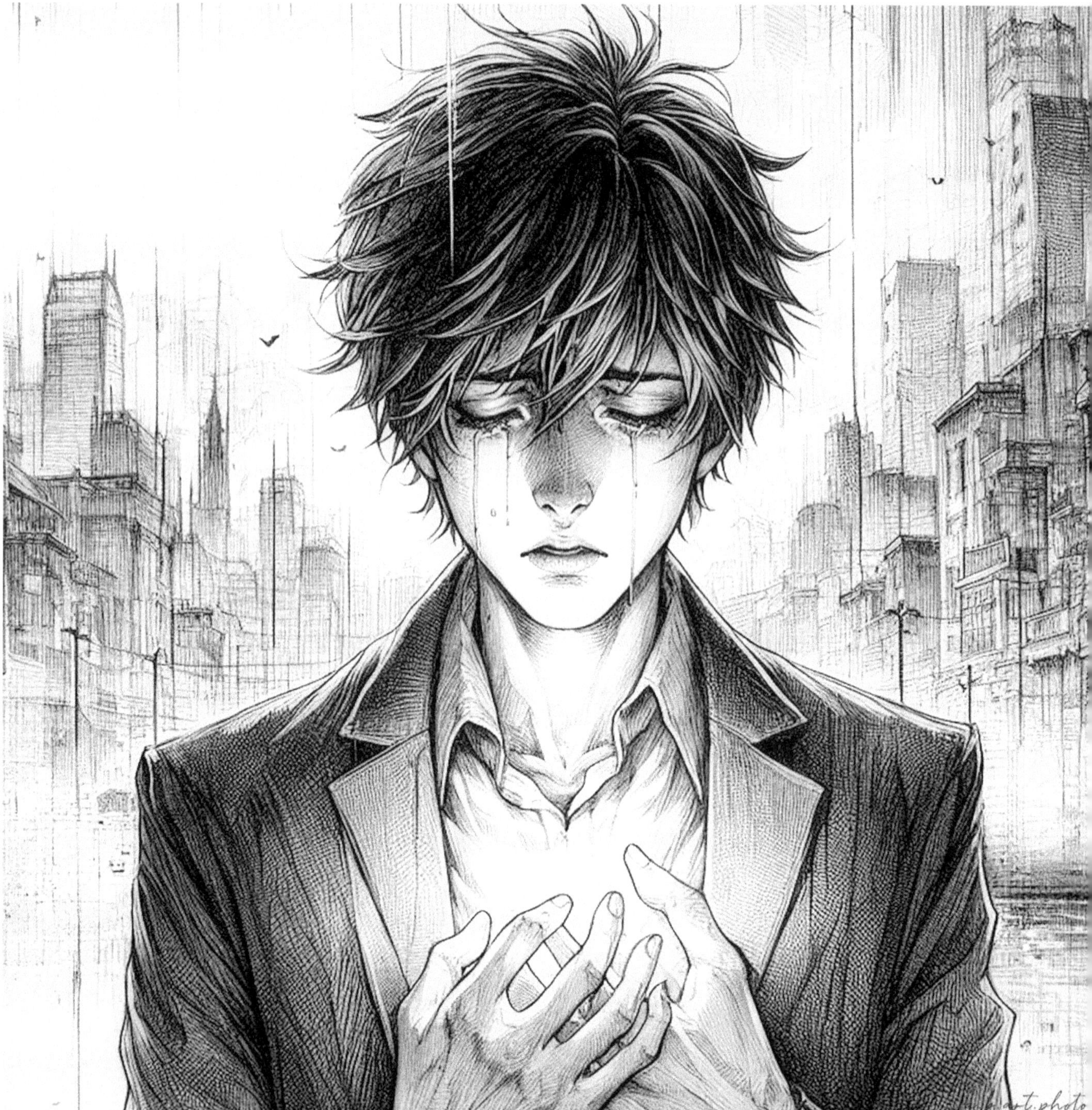
art.photo
Anja Buschner

Nur Worte?

Hast du deine Worte gut bedacht?
Worte tuen weh und haben Macht!
Sind die Worte erst gesprochen,
sind sie aus dem Sack gekrochen.

Konnten sie sich erst befreien,
wird Nichts mehr so wie vorher sein.
Türen werden sich verschließen
und vielleicht auch Tränen fließen.

Worte können Wogen glätten
und sogar auch Leben retten.
Zum Guten können Worte führen,
aber auch das Hassen schüren.

Bedenke deine Worte gut!
Sie auszusprechen braucht es Mut.
Sind die Erfolge auch nur klein,
die Welt wird nie dieselbe sein.

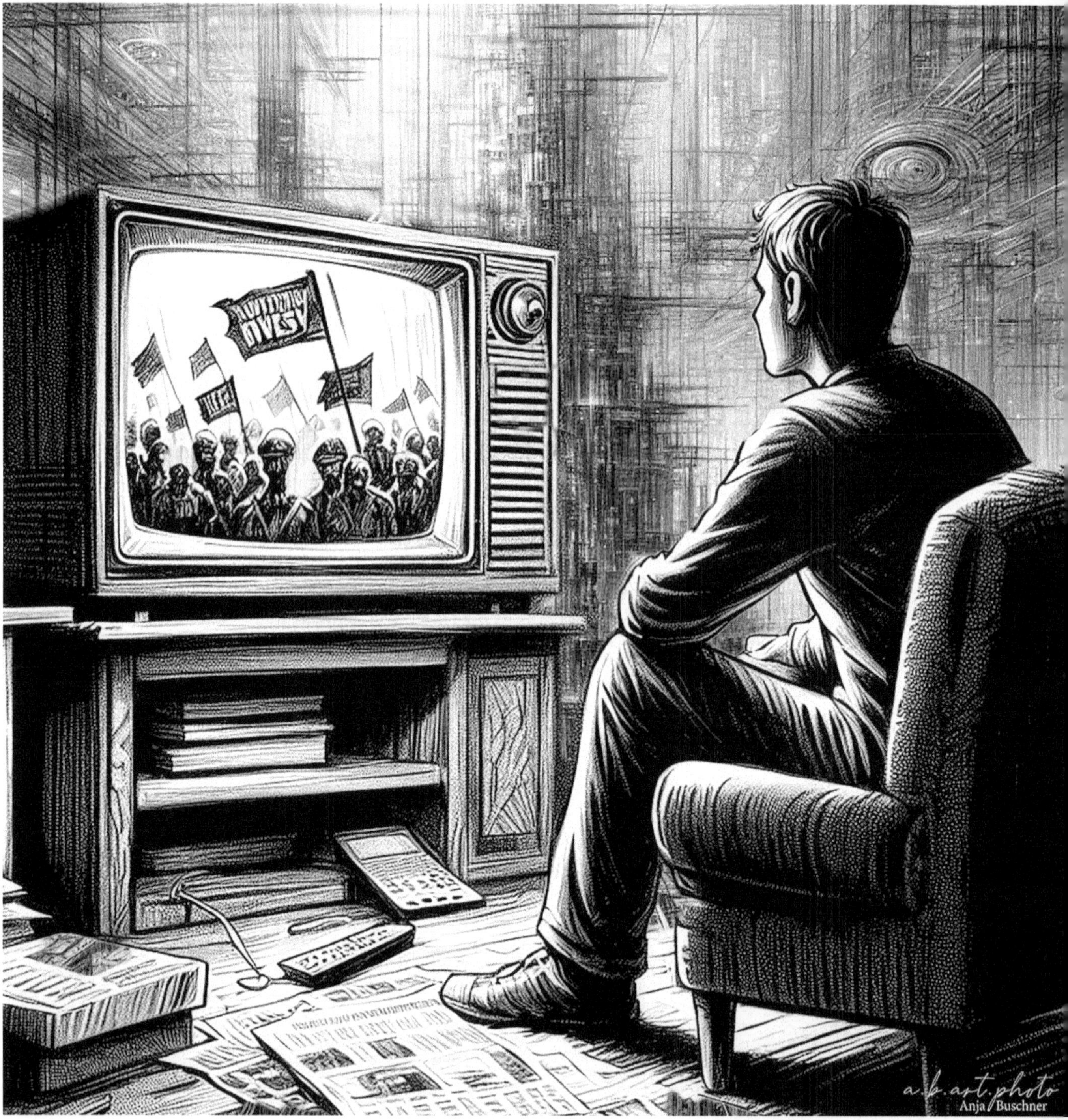
a.b.art.photo
Anja Buschner

Propaganda

Und wieder klingen ihre Lieder
von Ehre und von Einigkeit.
Die gleichen Phrasen immer wieder,
sie machen uns zum Kampf bereit.

Wir sollen kämpfen ihre Schlachten
und mutig zueinander stehn.
Das ist es, was sie sich erdachten,
um uns die Köpfe zu verdrehn.

Parolen, die uns tief berühren,
erklingen wieder weit und breit.
Sie sollen uns zum Kampfe führen.
Und bald, da bist auch du bereit.

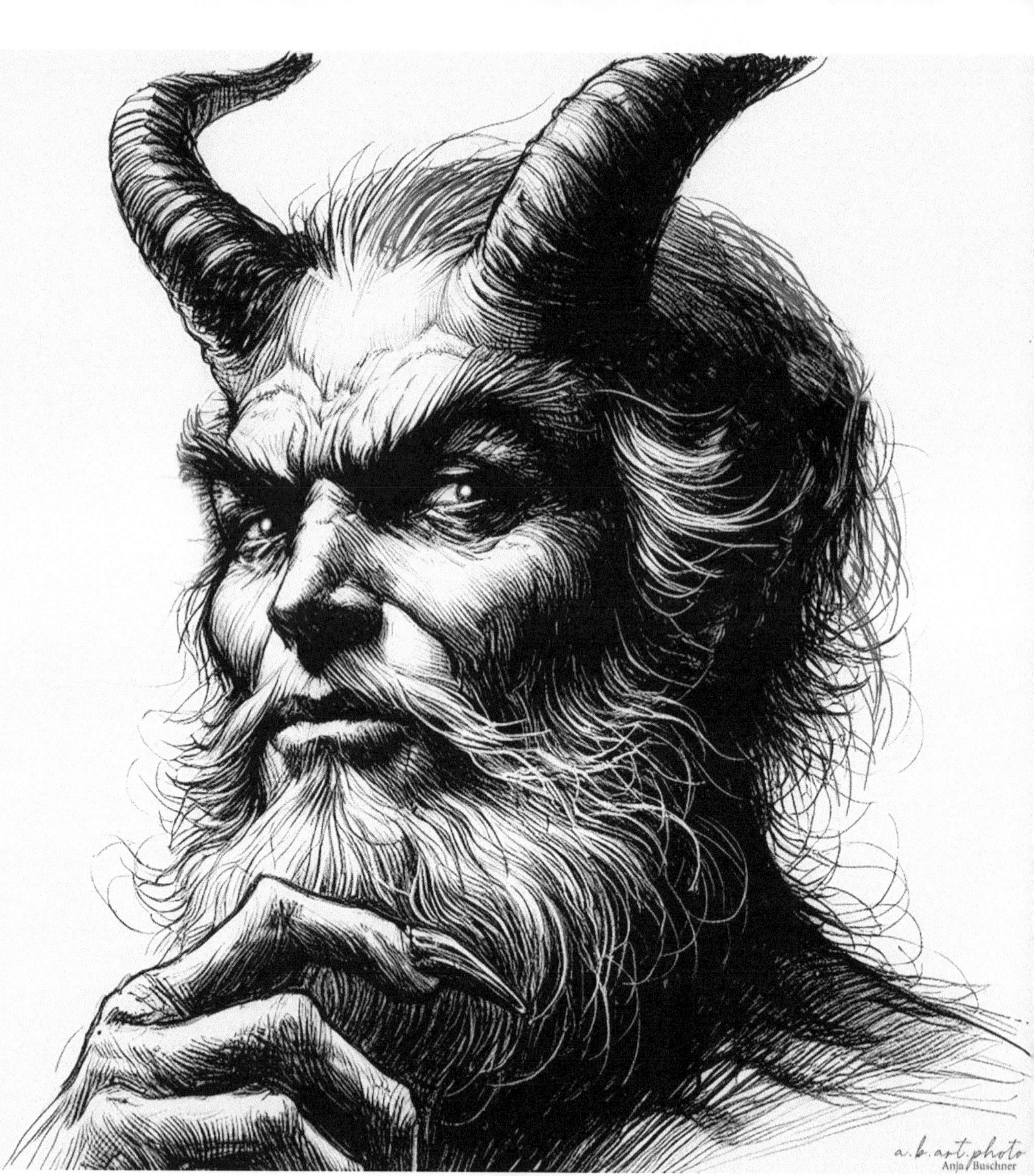
a.b.art.photo
Anja Buschner

Der Teufel ist ein Egoist

Der Teufel ist ein Egoist,
der über alle Menschen lacht,
denn alles, was ihm wichtig ist,
das ist zu stärken seine Macht.

Er redet sanft mit Engelszungen
und lockt mit all seinen Versprechen.
Ist dann die Täuschung erst gelungen,
so wird er jedes wieder brechen.

Drum glaubt nicht alles, was er spricht,
und fangt doch selbst zu denken an,
damit des Teufels Macht zerbricht
und er nicht länger herrschen kann.

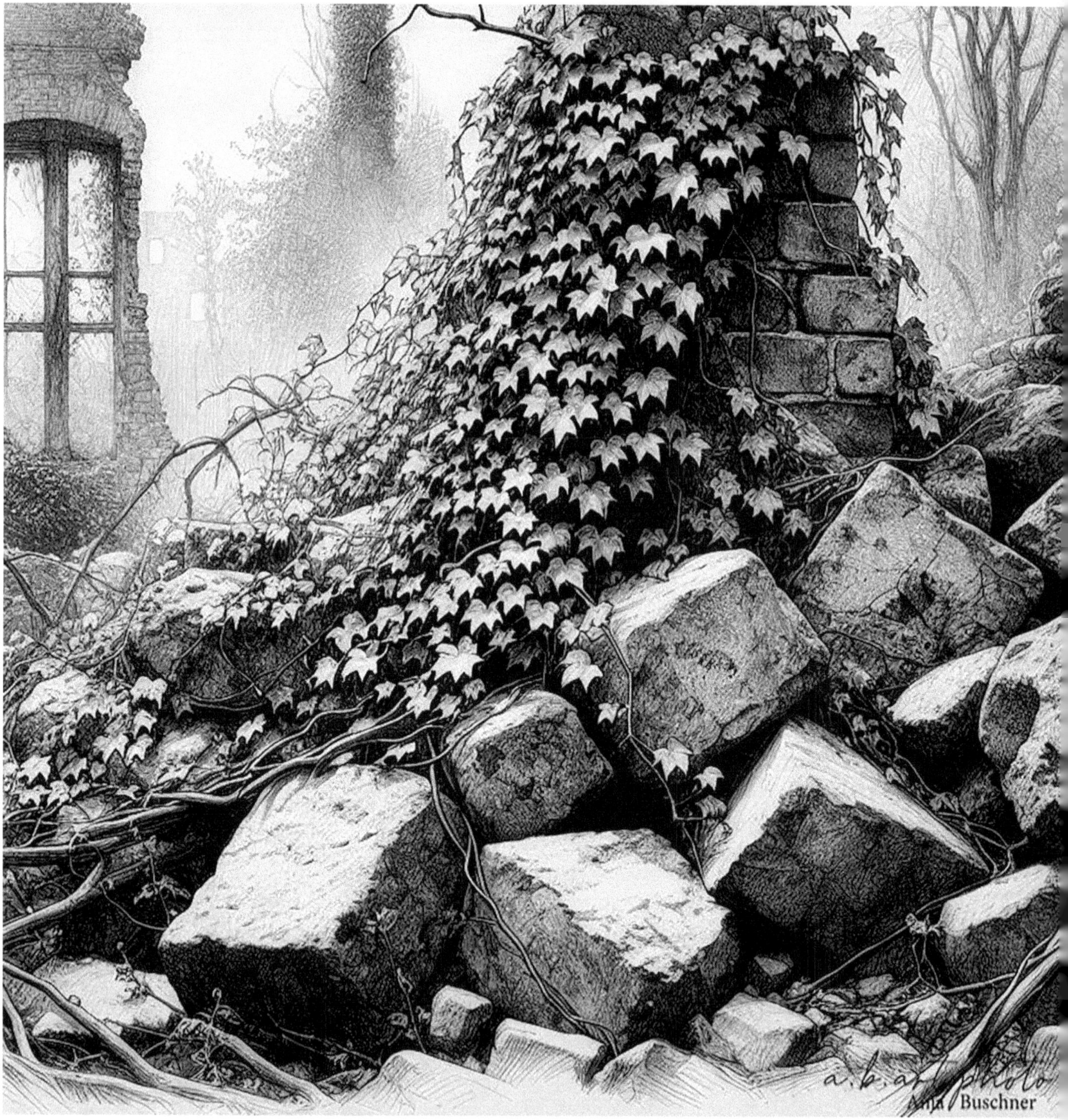
a.b.art/photo
Anja Buschner

Das Haus der Lüge

Beharrlich rüttelt zäh die Wahrheit
am festen Fundament der Lüge.
Daraus erwächst uns langsam Klarheit,
und so zersetzt sich das Gefüge.

Das Haus begann schon längst zu wanken.
Ja, ganz gewiss stürzt es bald ein.
Dann wird sich Efeu drüber ranken,
und es wird bald vergessen sein.

Doch wo sich diese Ranken winden,
dort werden Lügen neu entstehen.
Erinnerungen werden schwinden,
und niemand wird es je verstehen.

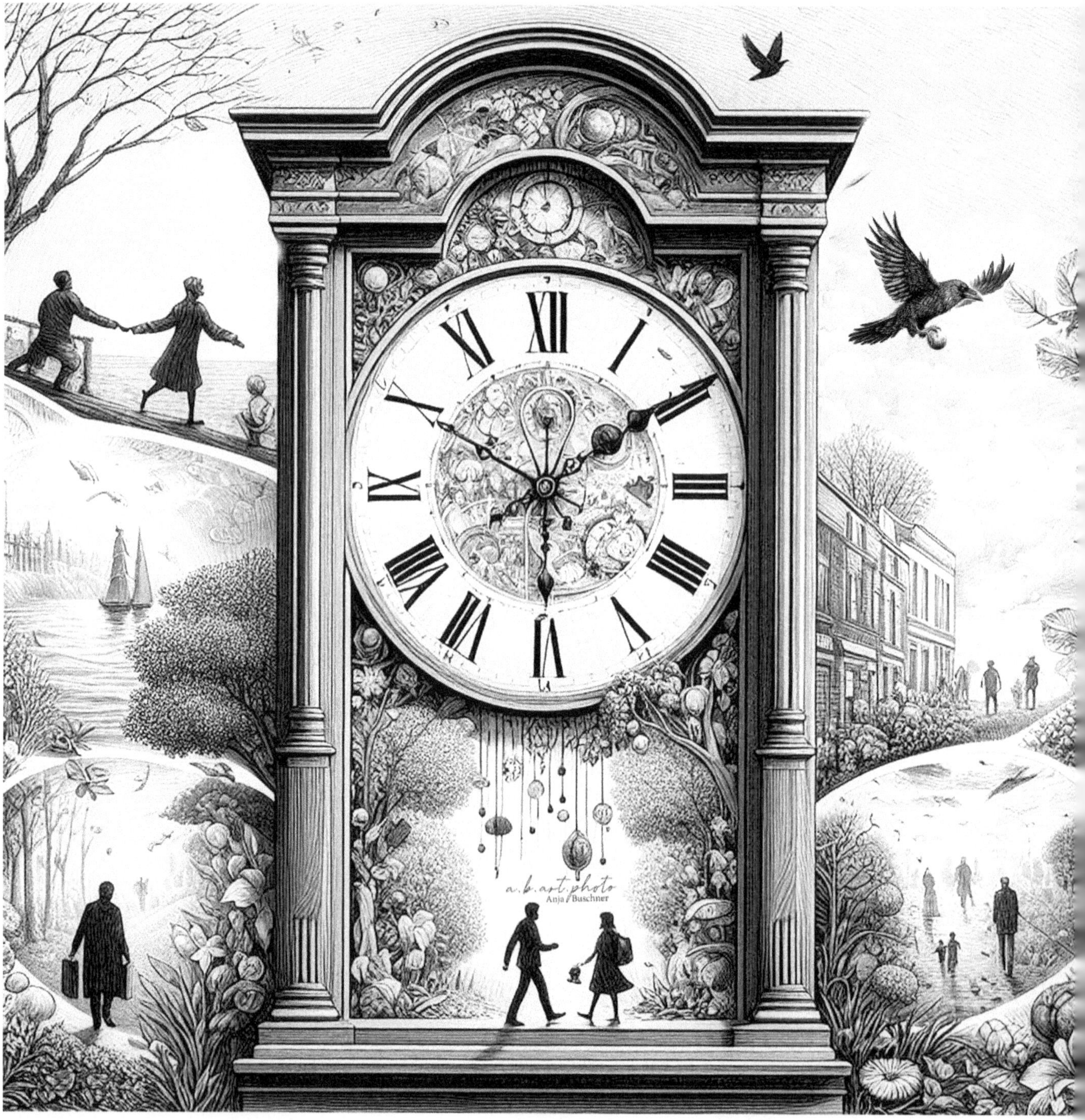
a.b.art.photo
Anja Buschner

Wandel

Die Zeit, sie fliegt, und Winde drehen,
ja sei dir dessen stets gewahr.
Du musst dem in die Augen sehen,
nichts ist mehr so, wie's einmal war.

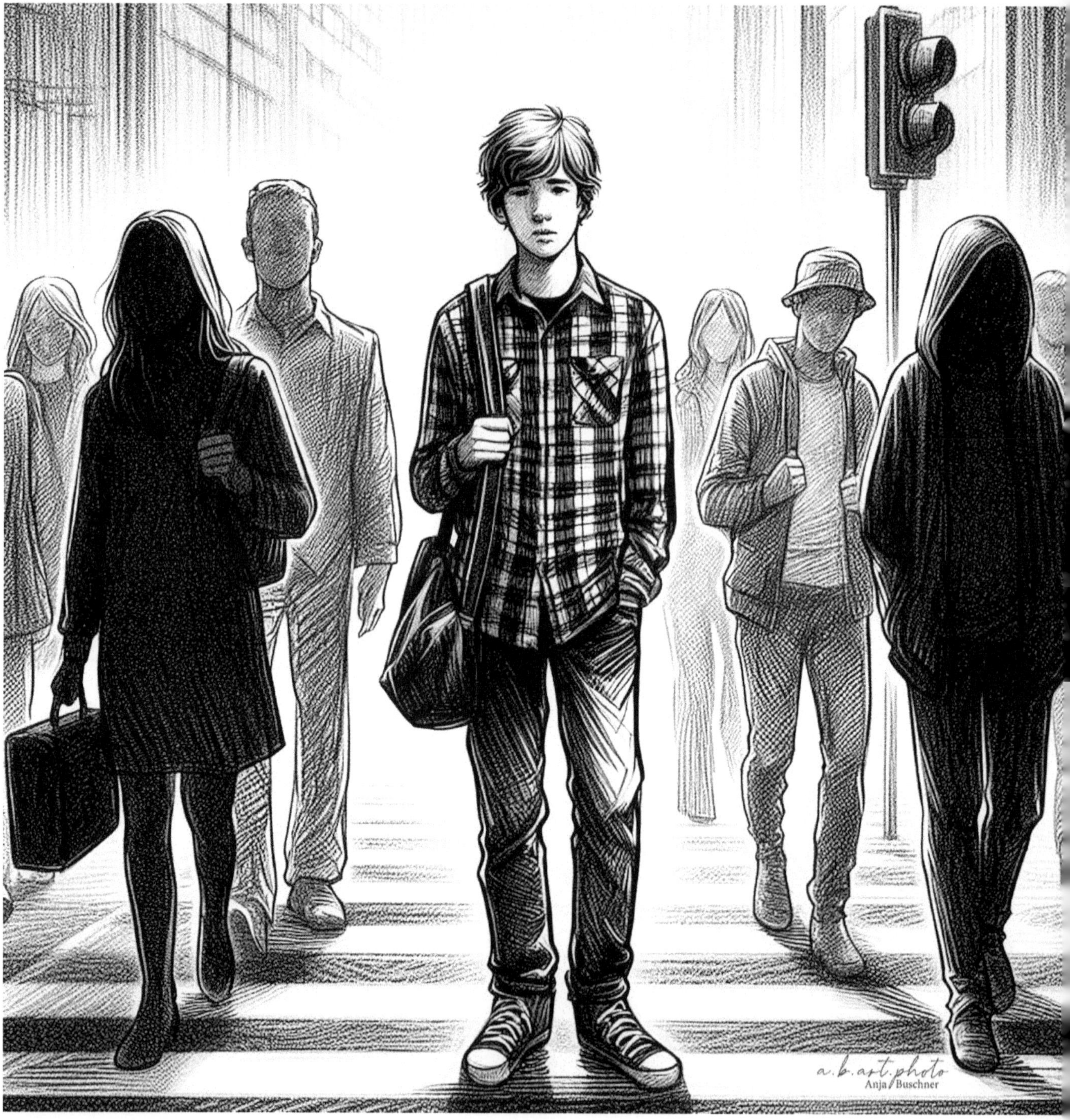
a.b.art.photo
Anja Buschner

Fragen

Wann ist's zu spät?
Wann war es Zeit?
Wann ist's genug?
Wann ist's soweit?

Wer bin ich denn?
Wer sollt' ich sein?
Wer hält zu mir?
Bin ich allein?

54

Narben

Ja die Zeit heilt alle Wunden,
doch auch Narben schmerzen sehr.
Schmerz ist niemals ganz verschwunden,
aber Blut fließt auch nicht mehr.

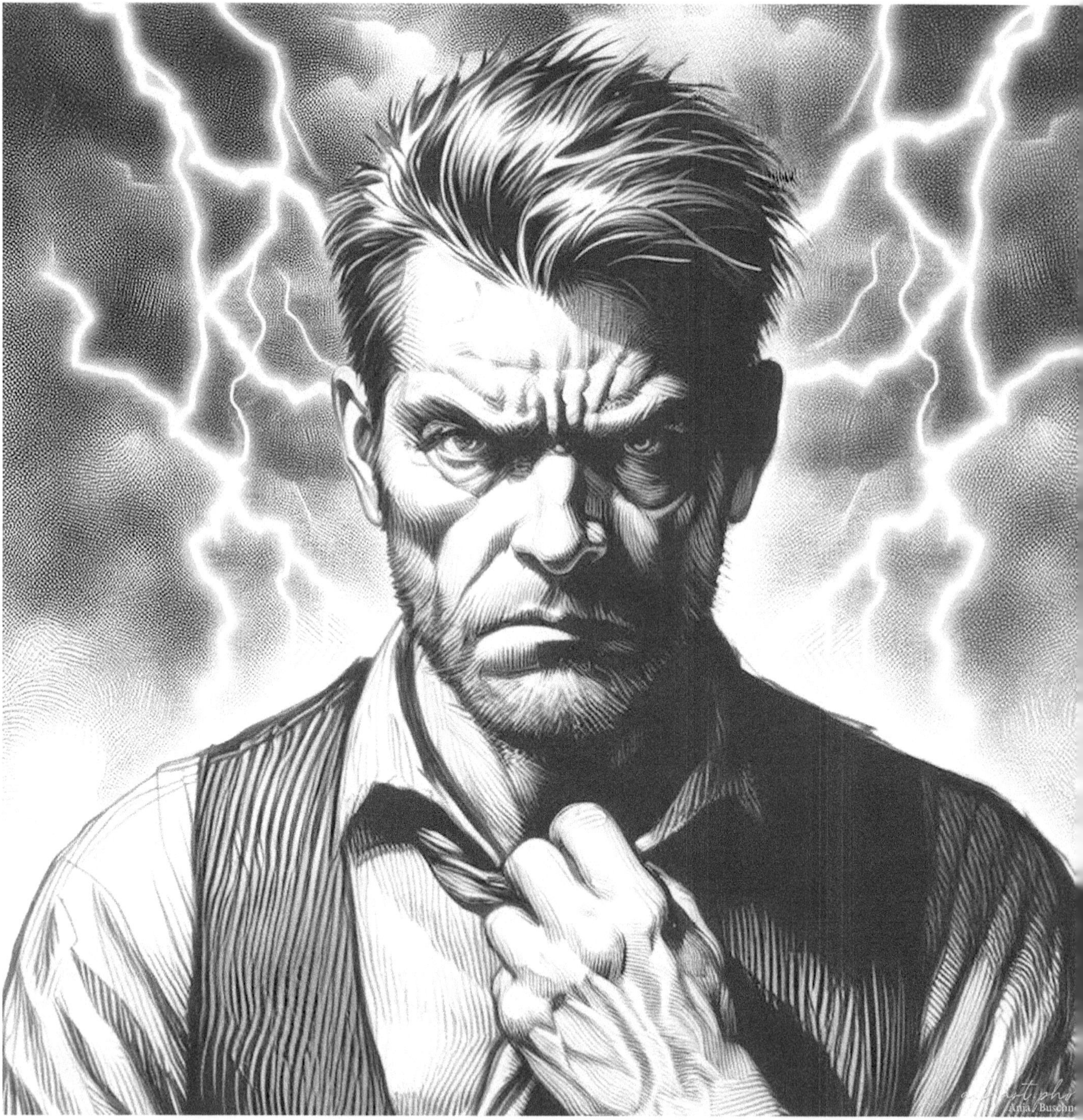

Hass macht blind

Der Hass verschloss längst eure Augen,
so lerntet ihr, ihm blind zu glauben.
Er wird euch eure Unschuld stehlen,
denn er vergiftet eure Seelen.

Mit jedem Wort, da wächst er weiter.
Er ist der beste Wegbereiter
für jeden Streit in unserm Leben.
Wer hasst, kann furchtbar schwer vergeben.

Der Hass, er wächst in vielen Herzen
und bringt allein nur Leid und Schmerzen.
Doch wenn ihr lernt, auch zu vergeben,
dann könntet ihr in Frieden leben.

Ihr lasst von eurer Wut euch lenken,
ganz ohne drüber nachzudenken!
Wann werdet ihr denn mal gescheiter
und tragt den Hass nicht immer weiter?

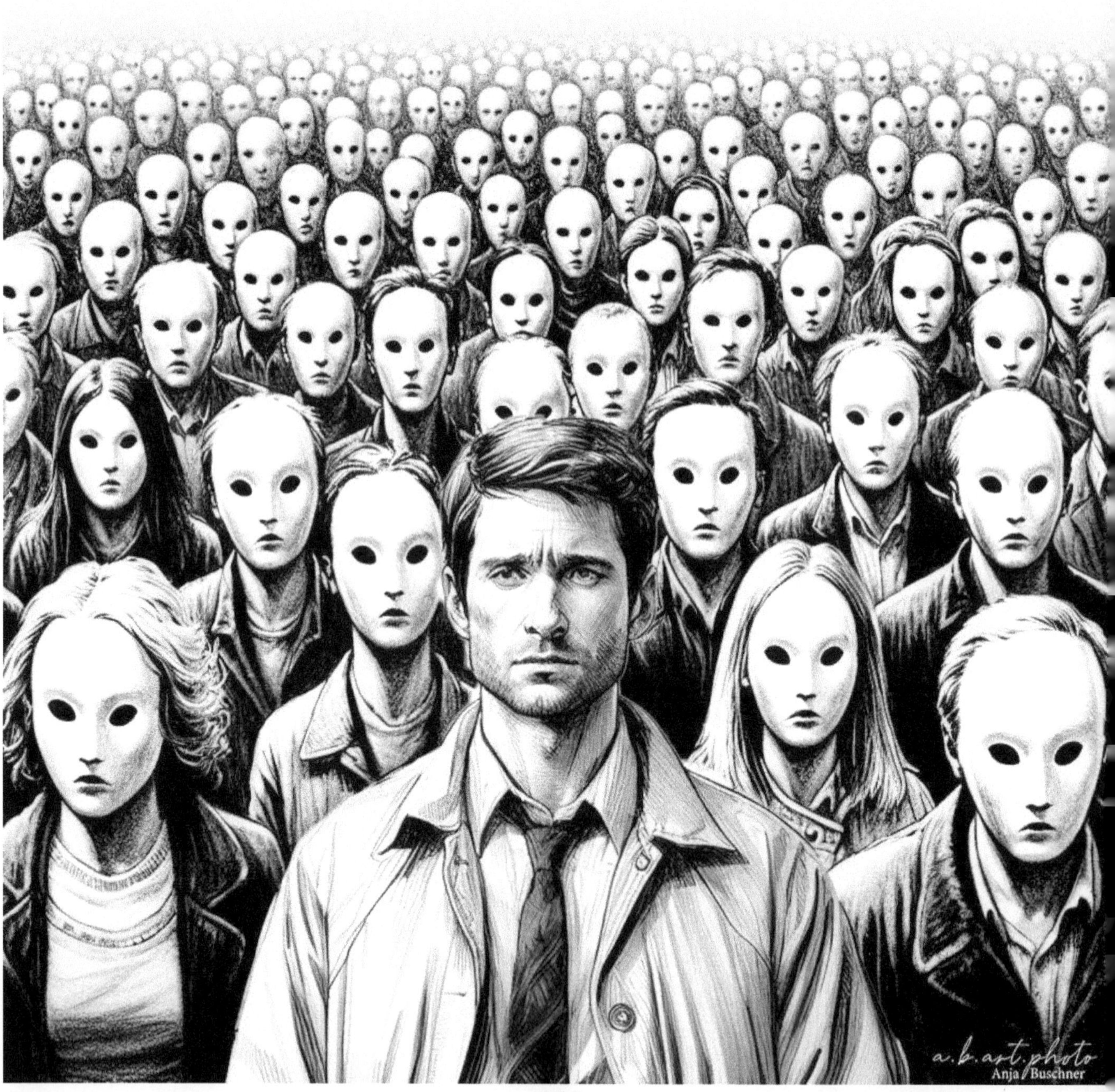
a.b.art.photo
Anja Buschner

Ich mein' ja nur...

Ich denke laut und selten leise.
Ich denke stets auf meine Weise.
So fiel es mir letztendlich ein:
So, wie es ist, muss es nicht sein.

Die Menschen sollten einfach wagen,
auch ihre Meinung laut zu sagen,
und einzustehen für ihr Recht,
denn Rückgrat zeigen ist nicht schlecht.

Ihr müsst nicht tun, was ich euch sage,
auch ich bin niemals Herr der Lage,
verbrenne täglich mir den Mund
und tue meine Meinung kund.

Ist's nicht genehm, was ich euch sage,
so winkt vielleicht schon mir die Klage.
Drum schönen Gruß an die Zensur:
Ich mach ja nichts, ich mein' ja nur.

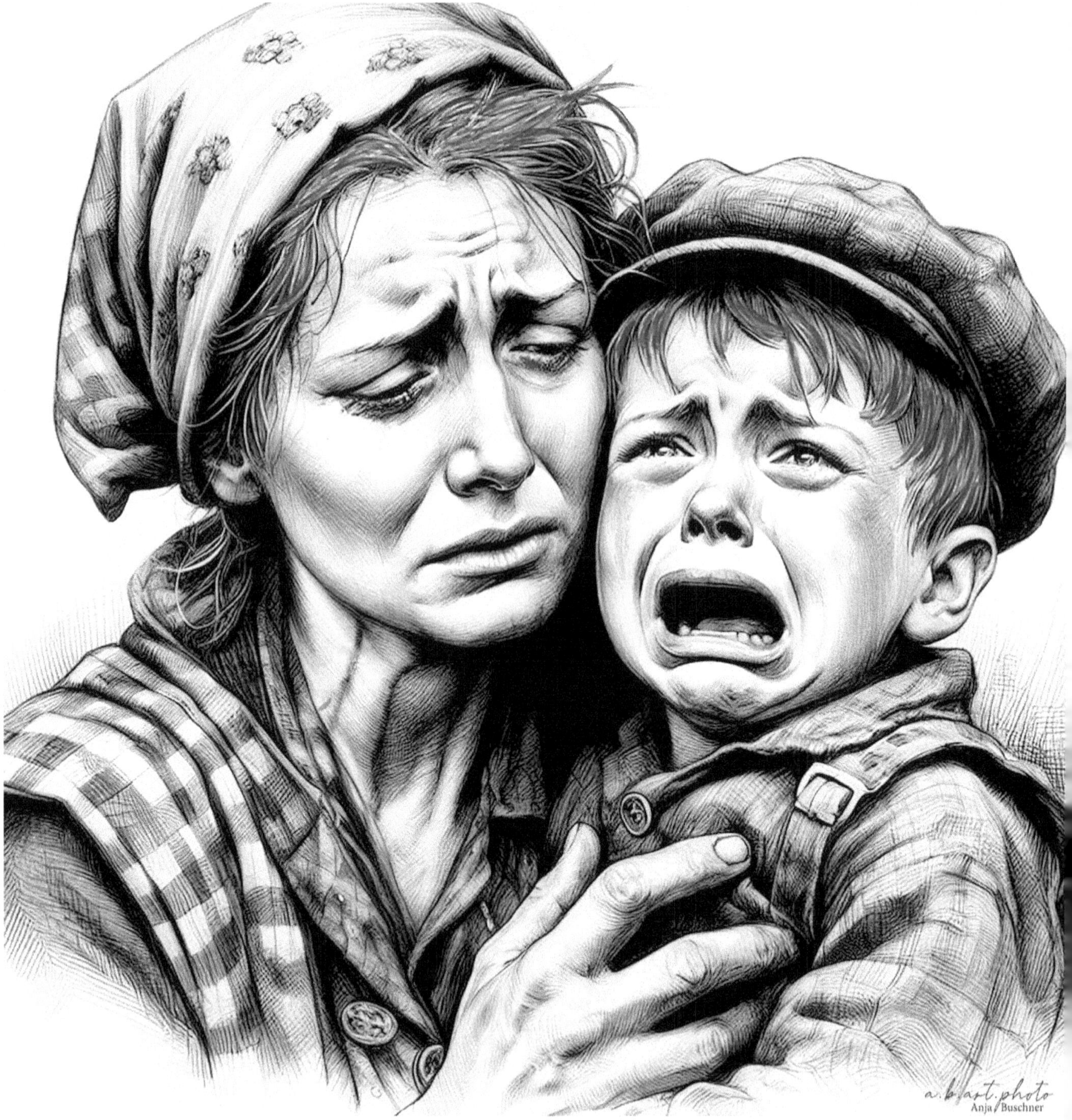
a.b.art.photo
Anja Buschner

Ruf nach Frieden

Schickt doch endlich Diplomaten
statt nur stetig neue Waffen.
Weder Bomben noch Granaten
werden jemals Frieden schaffen.

Hört die Mütter, wie sie klagen,
hört der Kinder Angstgeschrei,
hört die Menschen, wie sie fragen:
„Ist das Sterben bald vorbei?"

Seht das Leid und auch den Tod!
Seht doch hin was dort passiert!
Waffen lindern keine Not.
Habt ihr das denn nicht kapiert?

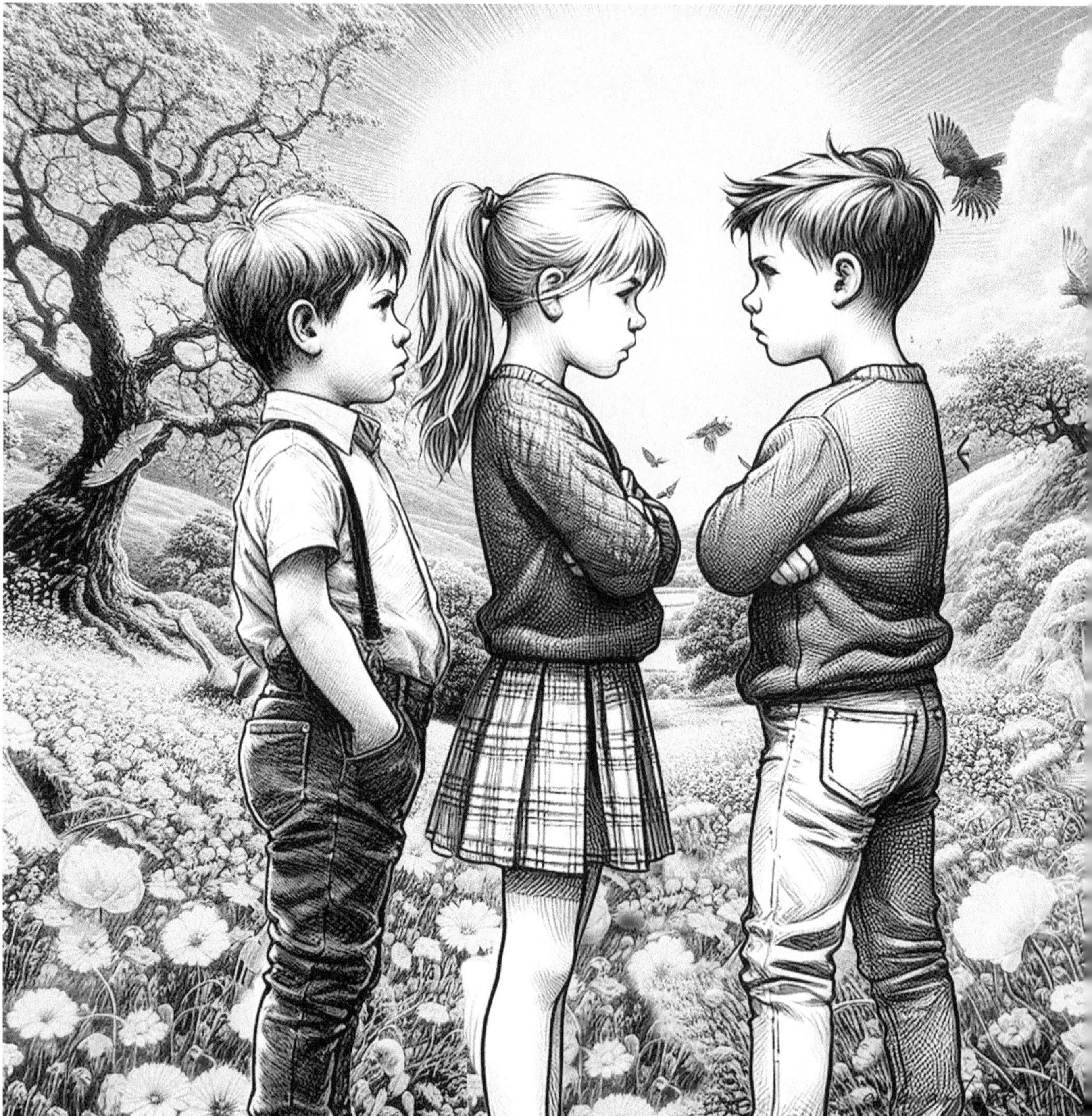

Neue Wege

Du sagst, der Mensch er wäre schlecht,
bereits von frühster Kindheit an.
Ich fürchte fast, du hast wohl recht,
obwohl ich das nicht glauben kann.

Die Andern hassen ist bequem,
ein Miteinander das strengt an.
Genau das, ist es, das Problem
das man nur schwer beheben kann.

Doch jeder sollte es versuchen,
die Sicht des And'ren zu verstehen,
nach den Gemeinsamkeiten suchen
und auch mal neue Wege gehen.

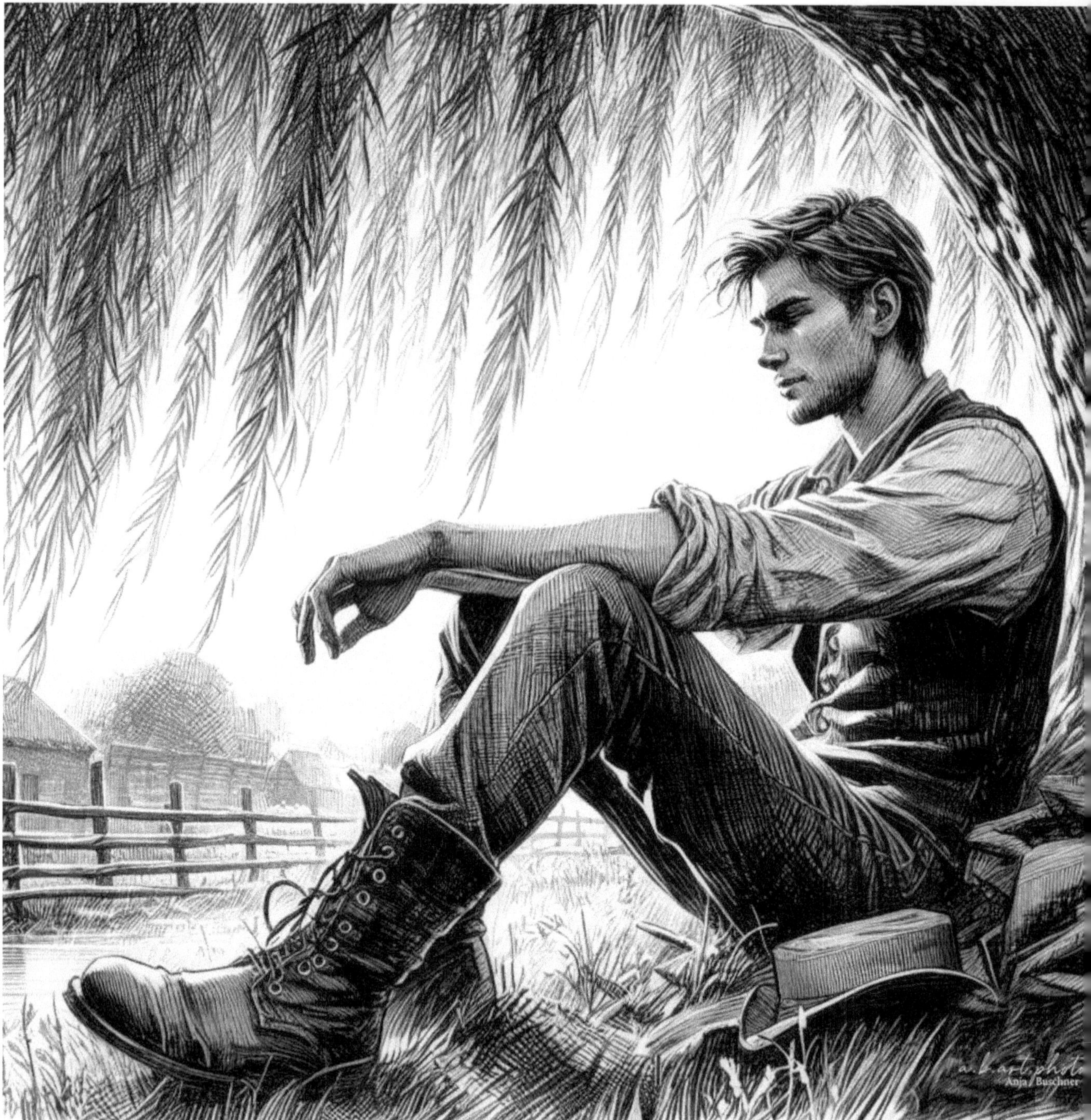
Anja / Buschner

Lieder der Weide

Die Weide singt mir Lieder
im milden Sommerwind.
Sie singt von alten Zeiten,
die längst vergangen sind.

Von dem, was uns verbindet,
und dem, was uns entzweit,
auf dass sich Hoffnung findet
für alle Ewigkeit.

Sie singt von tiefer Liebe,
die Hass besiegt und Leid,
auf dass uns Frieden bliebe
für heut und alle Zeit.

So gern würd' ich es sehen,
wie Liebe Hass bezwingt.
Wie gern würd' ich ihn gehen,
den Weg, den sie besingt.

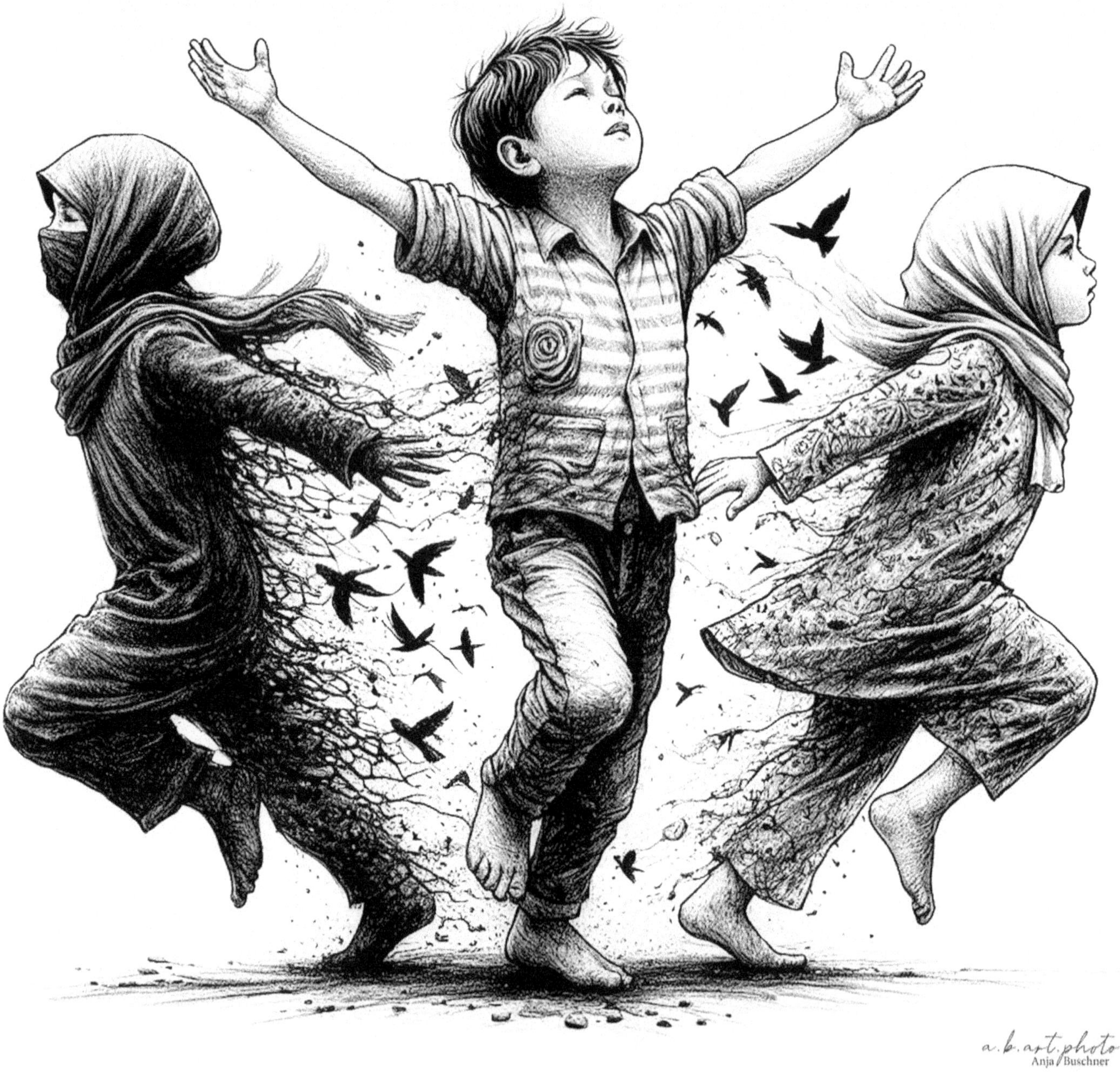
a.b.art.photo
Anja Buschner

Frei von Hass

Ach könnten wir nur immer sein,
wie Kinder wunderbar und rein,
so frei von Hass und Vorurteilen,
die Welt, sie würde wieder heilen.

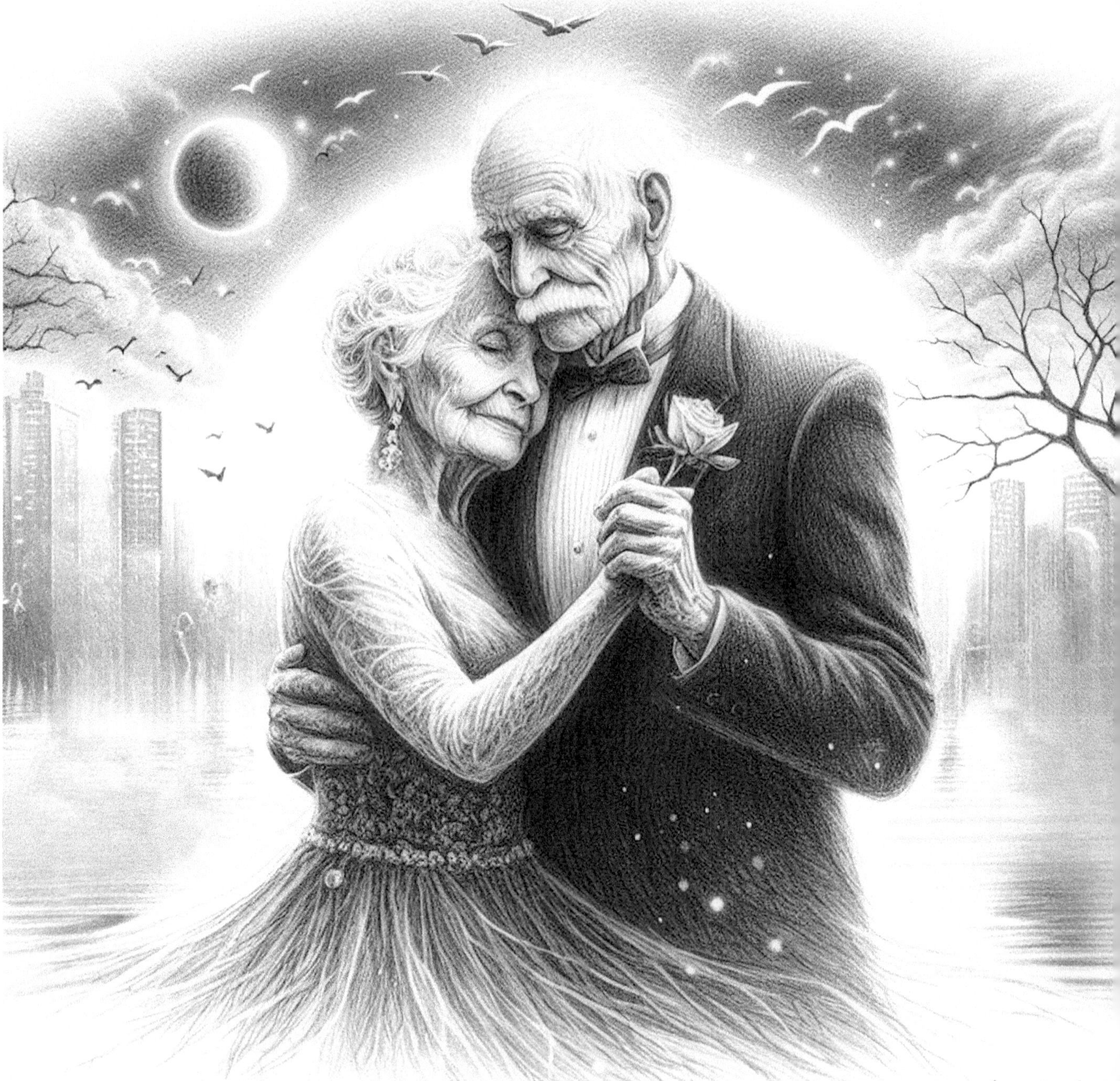

Der letzte Tanz

Verblasste Träume, Herz so schwer,
getrübter Blick, die Augen leer.
Die alten Zeiten längst vergangen,
der letzte Tanz hat angefangen.

Musik erklingt nun sanft in Moll,
ganz ohne Angst und Leid und Groll.
Ein letzter Kuss, du spürst ihn kaum,
bist endlich frei von Zeit und Raum.

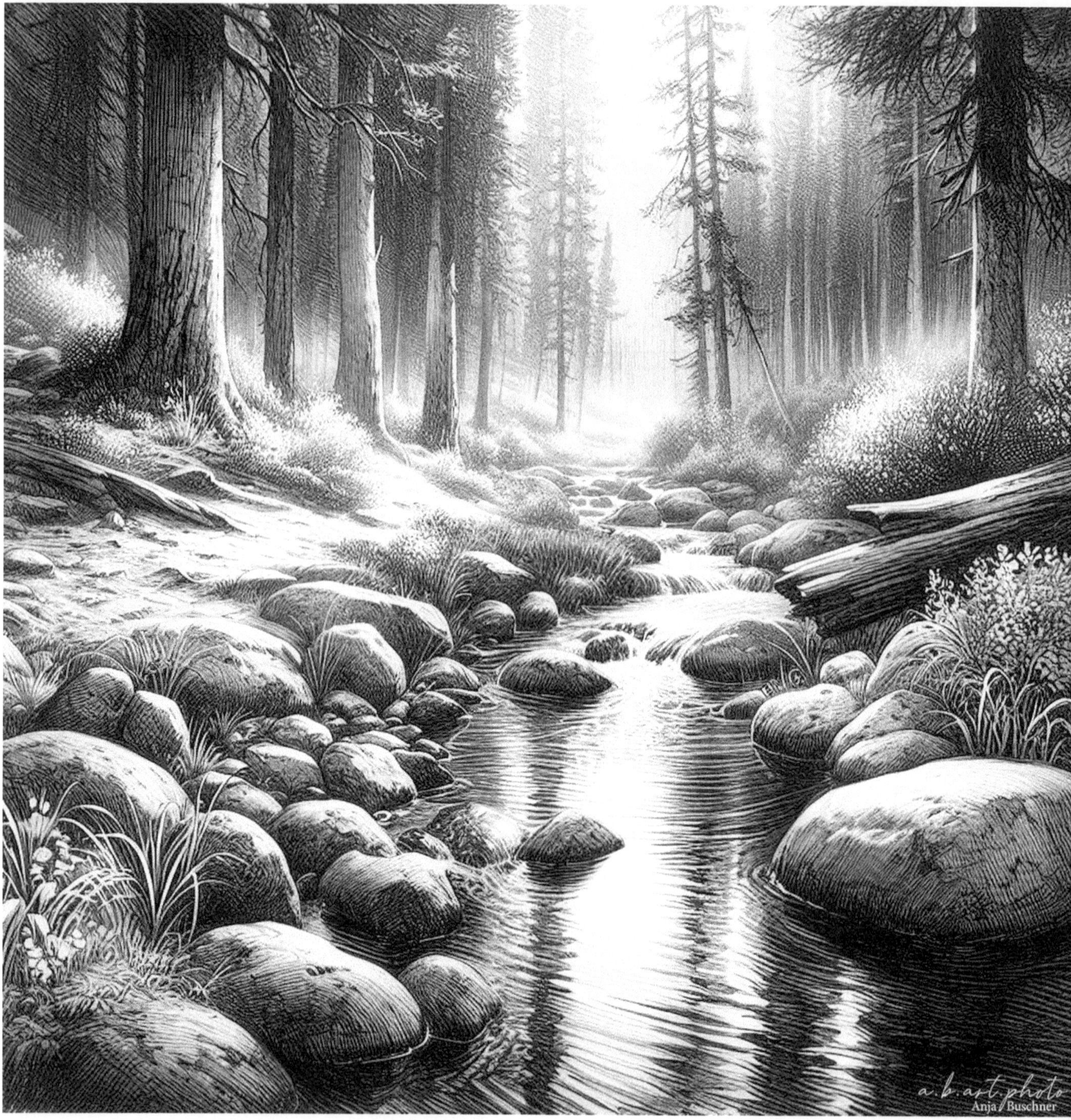
a.b.art.photo
Anja Buschner

Seelenflug

Die Seele breitet ihre Schwingen,
sanft gleiten die Gedanken fort,
gelangen dort, wo Wälder klingen,
an einen wundersamen Ort.

Dort, wo klare Bäche fließen,
wo der Wind in Weiden spielt,
wo die schönsten Blumen sprießen,
spielt des Herzens schönstes Lied.

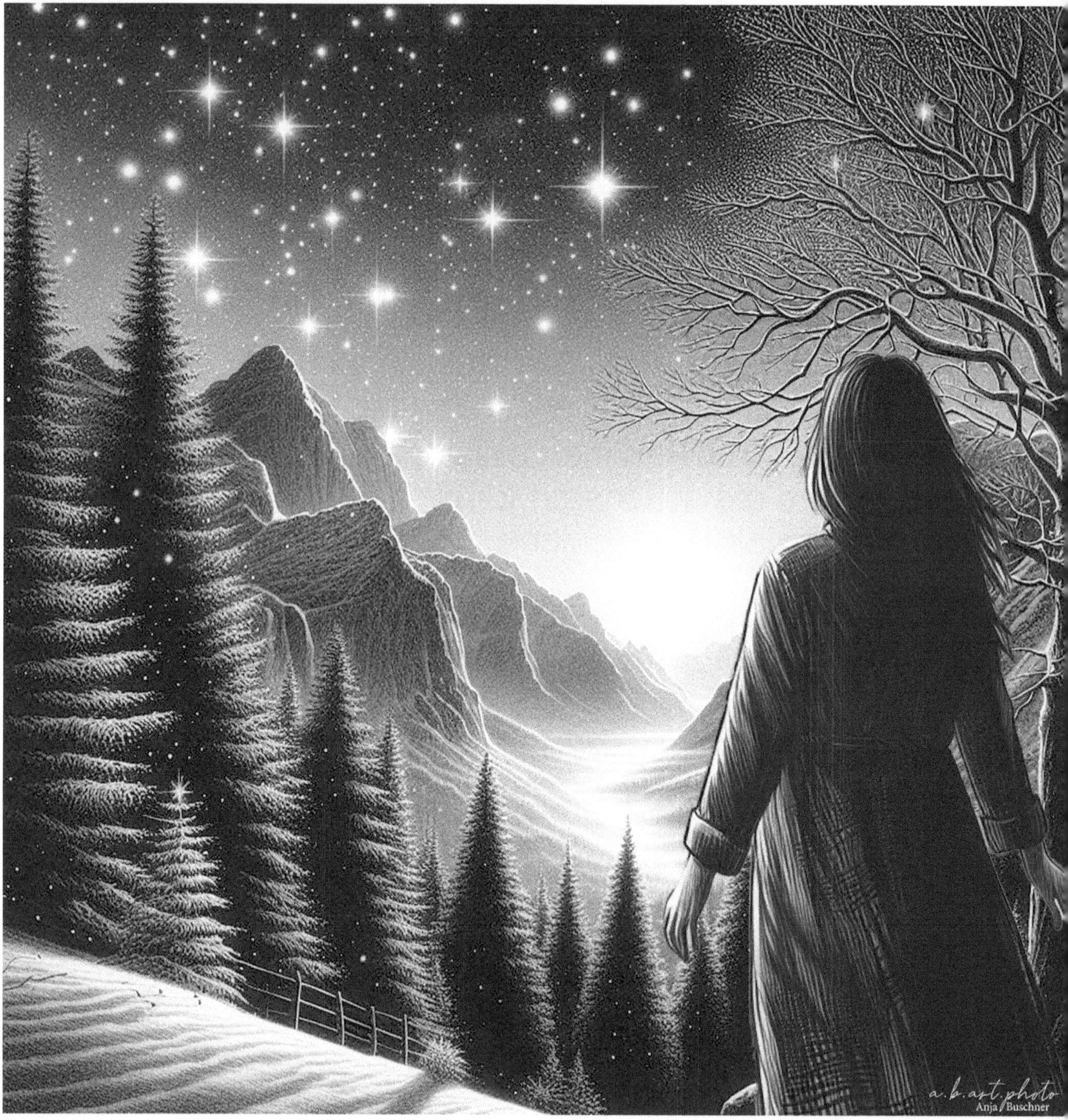
a.b.art.photo
Anja Buschner

Alles wird gut

So sicher wie am Morgen
die Dunkelheit vergeht,
so schwinden deine Sorgen
und neues Glück entsteht.

So sicher wie das Wasser
ins Tal hinunterfließt,
so wirst du es erleben,
dass Hoffnung wieder sprießt.

So sicher wie die Sterne
dort hoch am Himmel steh'n,
so werden wir uns beide
am Ende wiederseh'n.

Vertrau' mit vollem Herzen
und finde deinen Mut,
dann wird, da bin ich sicher,
bald wieder alles gut.

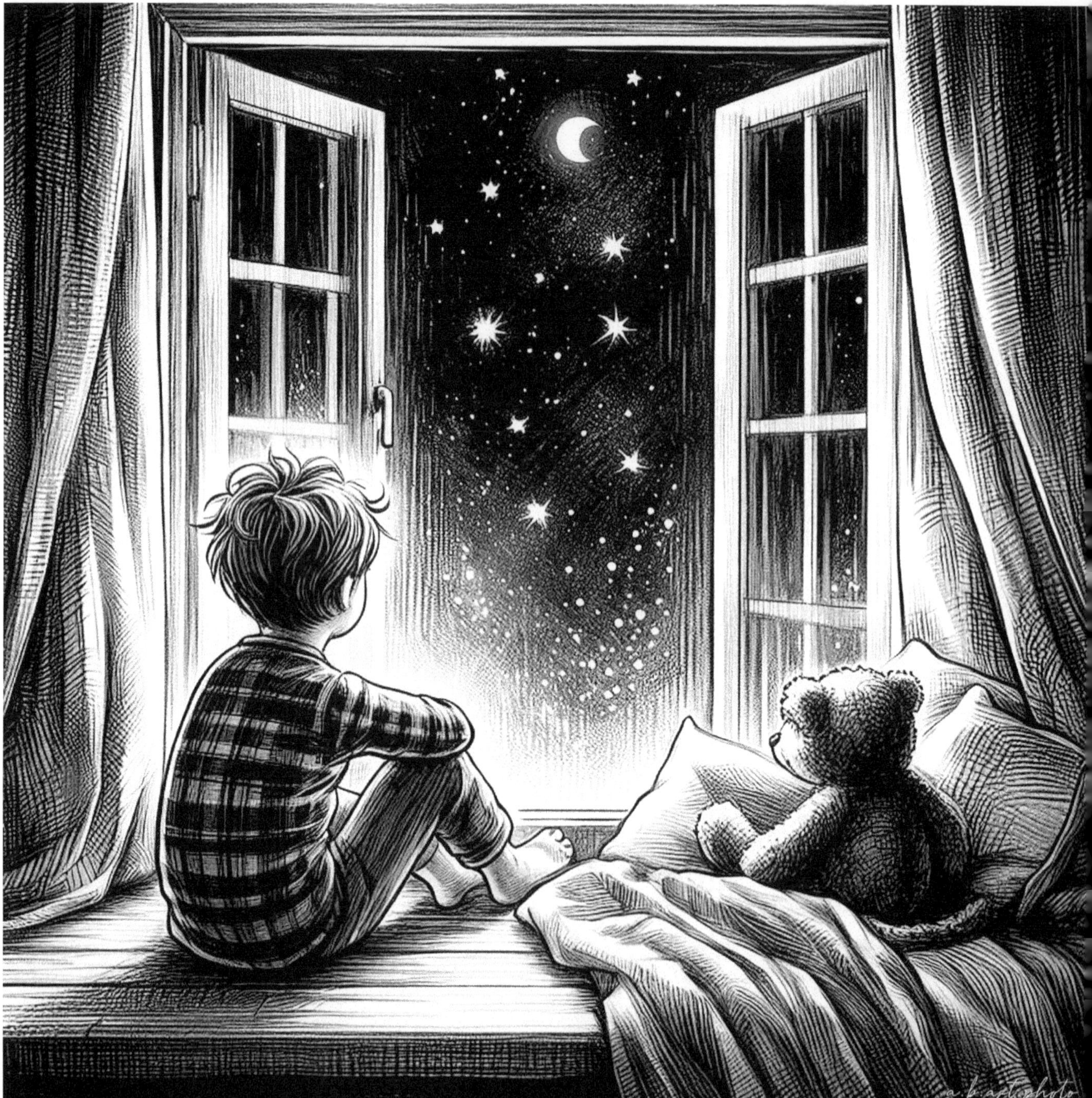
a.b.art.photo
Anja Büschner

Die Schönheit der Nacht

Der grelle Tag ist lang vergangen,
das Licht verlor schon seine Macht.
Des Alltags Hektik überstanden.
Der Uhu ruft zur Gute Nacht.

Die Sterne, klar wie Diamanten,
sie funkeln hoch am Himmelszelt.
Ein Leuchten, das die Götter sandten,
umgibt nun liebevoll die Welt.

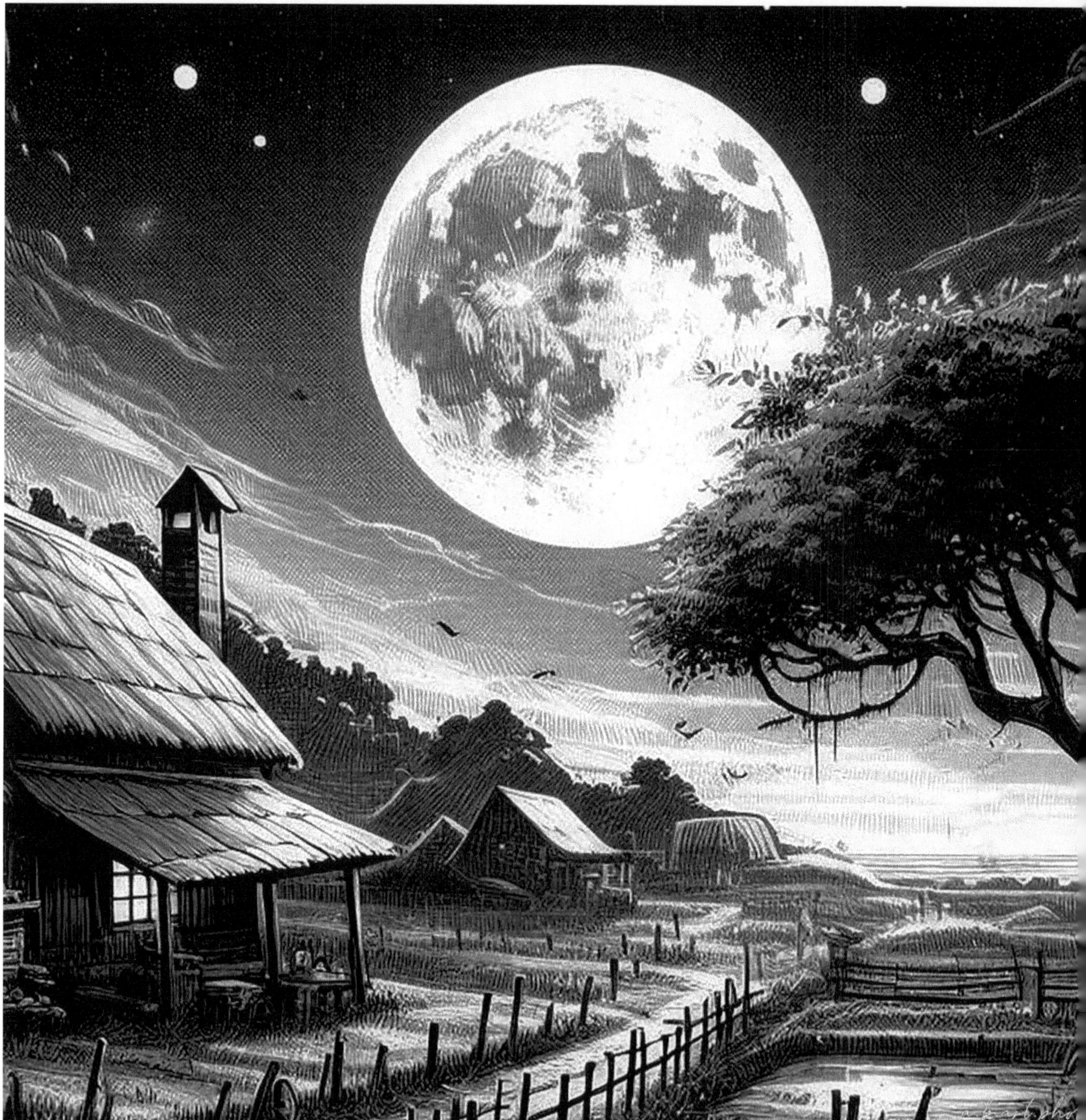

Der Zauber des Mondes

Der Mond, er wandert leise
entlang am Himmelszelt.
Auf wundersame Weise
beherrscht er uns're Welt.

Er leitet die Gezeiten
allein durch seine Kraft.
Es lässt sich nicht bestreiten,
dass Großes er erschafft.

Mit seinem sanften Schein,
da gibt er uns Geleit,
er führt uns sicher heim
in größter Dunkelheit.

Er trägt sanft die Gedanken
durch's tiefe Schwarz der Nacht.
Er öffnet alle Schranken
und gibt den Träumen Macht.

Der Mond, er wandert leise
entlang am Himmelszelt.
Auf wundersame Weise
verzaubert er die Welt.

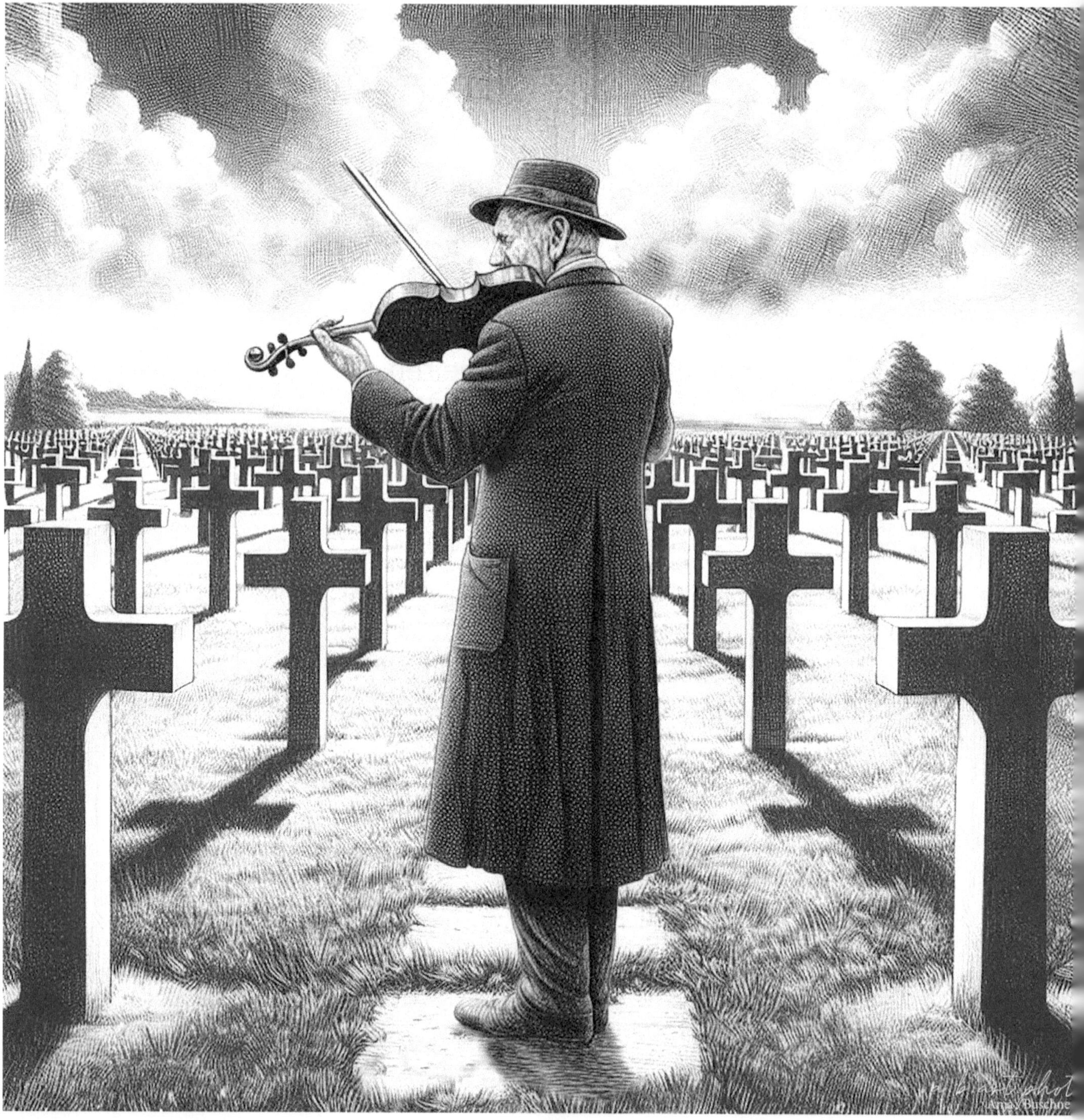

Wahrer Frieden

Die Geige spielt die schönsten Töne,
sie spielt für die verlor'nen Söhne,
die dort in ihren Gräbern liegen.
Im Tod erst fanden sie den Frieden.

Der Grund, aus dem sie kämpfen sollten,
war, dass sie wahren Frieden wollten.
Und heut' bemerken wir beklommen,
den Frieden haben sie bekommen.

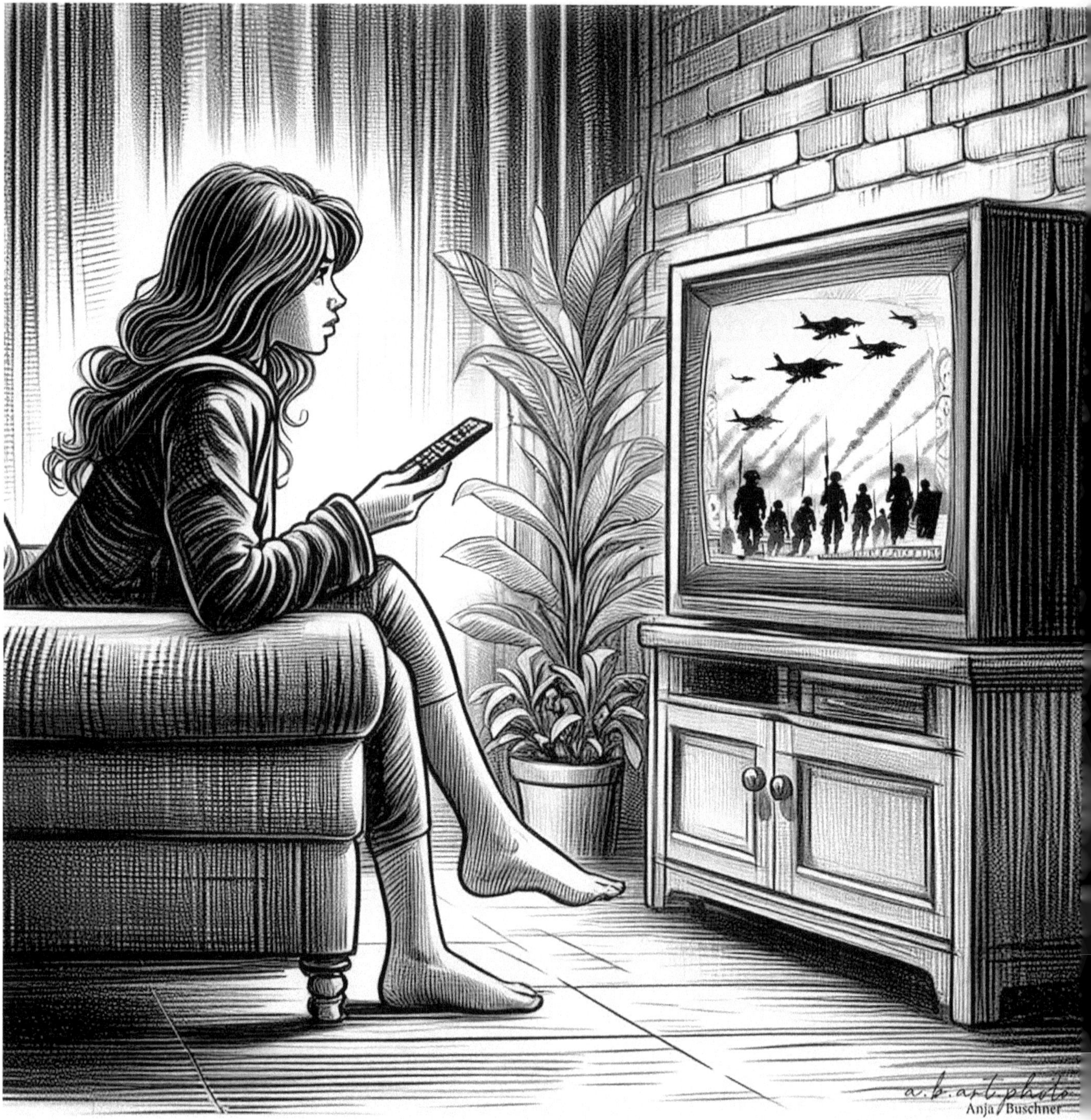
a.b.art.photo
Anja Buschner

So nebenbei

Heute fragte mich mein Kind,
weshalb die Menschen böse sind.
Und ich, ich fragte mich erstaunt,
weshalb es denn an so was glaubt.

Nun mache ich das Fernsehn an,
erschreckt was ich dort sehen kann:
Panzer rollen, Bomben fallen,
Feuer lodern, Schüsse knallen.

Im Magen wird's mir plötzlich flau:
Was seh' ich in der Tagesschau?
All das Leid und all den Tod,
gibt's nebenbei zum Abendbrot.

Die Gewalt, die ich dort seh',
tut in meiner Seele weh.
Nun versteh' ich, dass mein Kind
über solche Fragen sinnt.

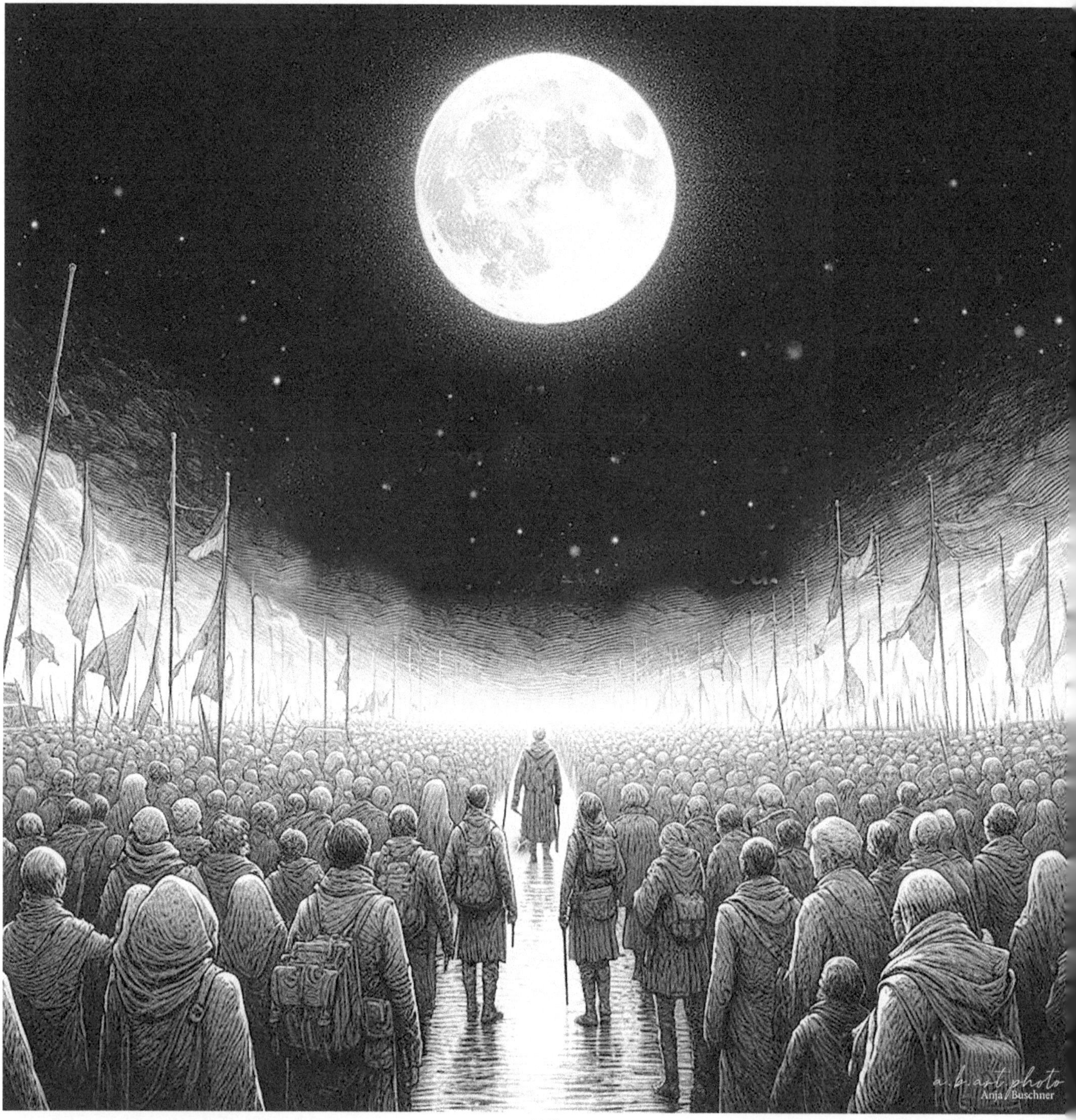
a.b.art.photo
Anja Buschner

Die Zukunft, das sind wir

Ich würde gerne etwas schreiben,
um euch den Kummer zu vertreiben.
Mit Worten, die das Herz berühren,
will ich in eine Welt euch führen,
wo Licht und Liebe sanft verweilen,
die Sorgen in die Ferne eilen
und frohe Lieder sanft erklingen.
Gern' würde ich die Welt euch bringen.

Doch liegt's nicht nur in meiner Hand,
ich weite euch nur den Verstand,
lass Träume wachsen, bunt und klar.
Es bleibt nichts so, wie's einmal war.
Ich sage euch, so glaubt es mir,
die Zukunft, die gestalten wir.
Mit Mut und Herz und klarem Sinn
lasst streben uns zum Guten hin.

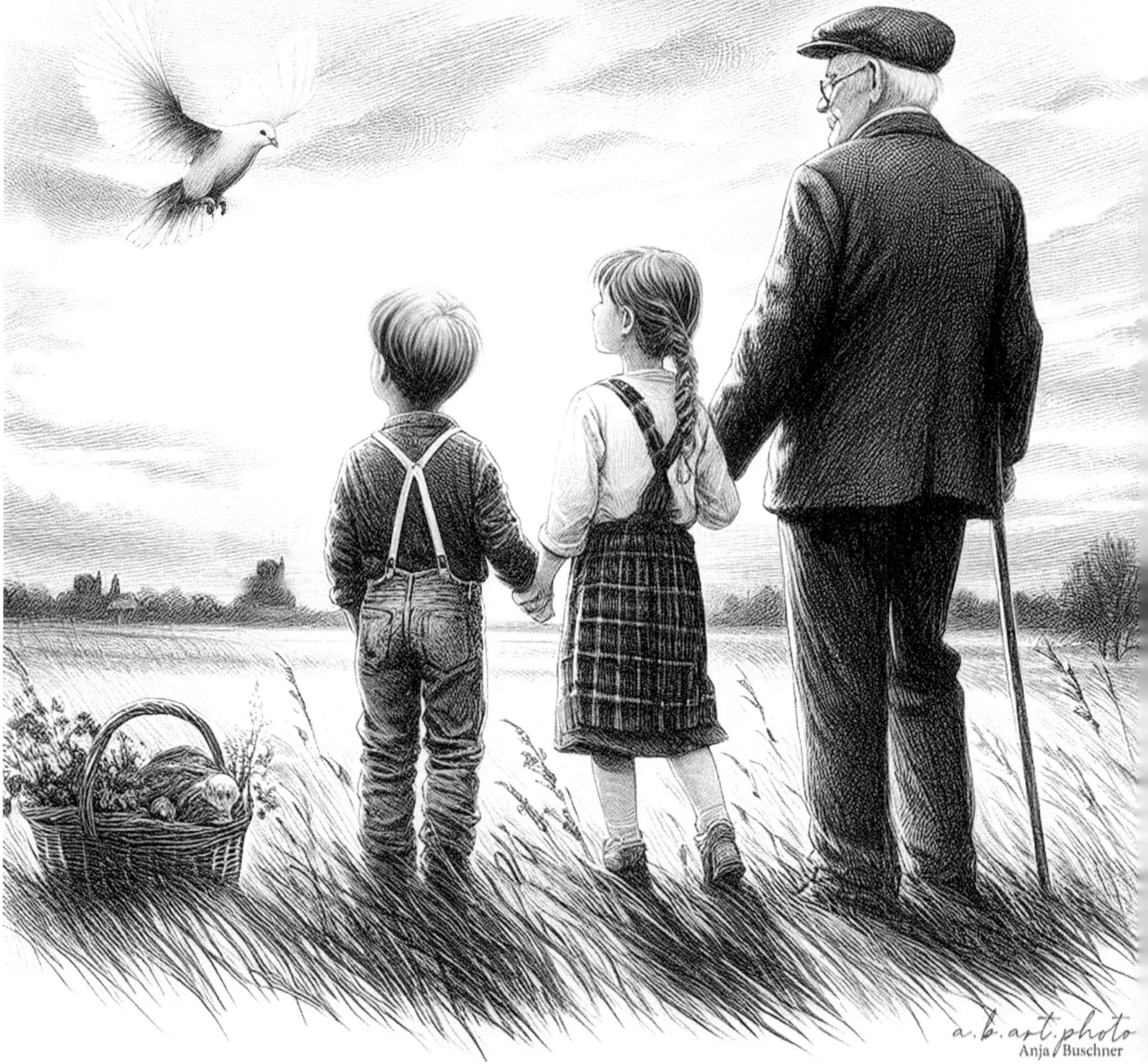
a.b.art.photo
Anja Buschner

Frieden in Gefahr

Die Waffen, die einst tobten,
die brauchte keiner mehr.
Weil Frieden wir gelobten,
sind Schützengräben leer.

Und weiße Tauben fliegen
am Himmel blau und klar.
Sie träumen stets von Frieden,
dem Untergang gewar.

Doch Worte werden rauer.
So hört genauer hin!
Denn nichts war je von Dauer,
nach Krieg steht heut der Sinn.

Die Trommeln rufen wieder
zum Kampf fürs Vaterland,
und wieder klingen Lieder
und rauben den Verstand.

Sie locken mit Parolen
von Sieg und Heldentum
und reden unverholen
von Ehre nur und Ruhm.

Und wenn sie dann marschieren
mit Waffen in der Hand,
da wird man nicht kapieren,
was mit dem Frieden schwand.

Ich hoff, es wird was nützen,
drum sag ich euch ganz klar:
Wir müssen Frieden schützen,
denn er ist in Gefahr!

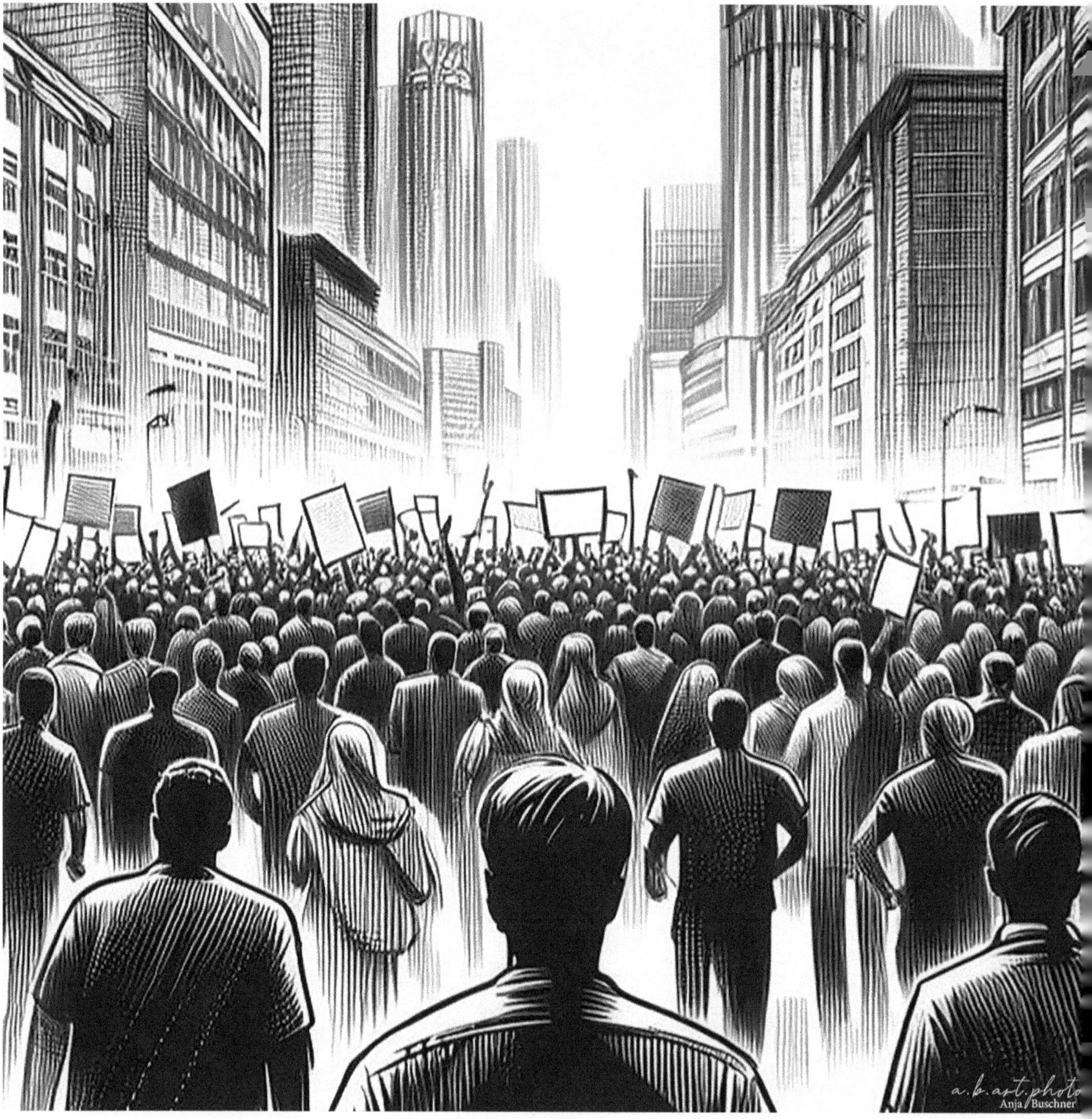
a.b.art.photo
Anja Buschner

Gegen Unrecht Leid und Not

Wir sagen oft, die Welt sei schlecht
und alles schrecklich ungerecht.
Ja, klagen können wir recht gut,
allein zum Handeln fehlt uns Mut.

Doch jetzt ist Zeit, etwas zu tun,
und keine Zeit, um ausruhen.
Wir können Unrecht nicht besiegen,
wenn wir nur auf dem Sofa liegen.

So lasst uns aufsteh'n für die Welt
und ändern, was uns nicht gefällt.
Denn Handeln lautet das Gebot,
für Frieden, gegen Leid und Not.

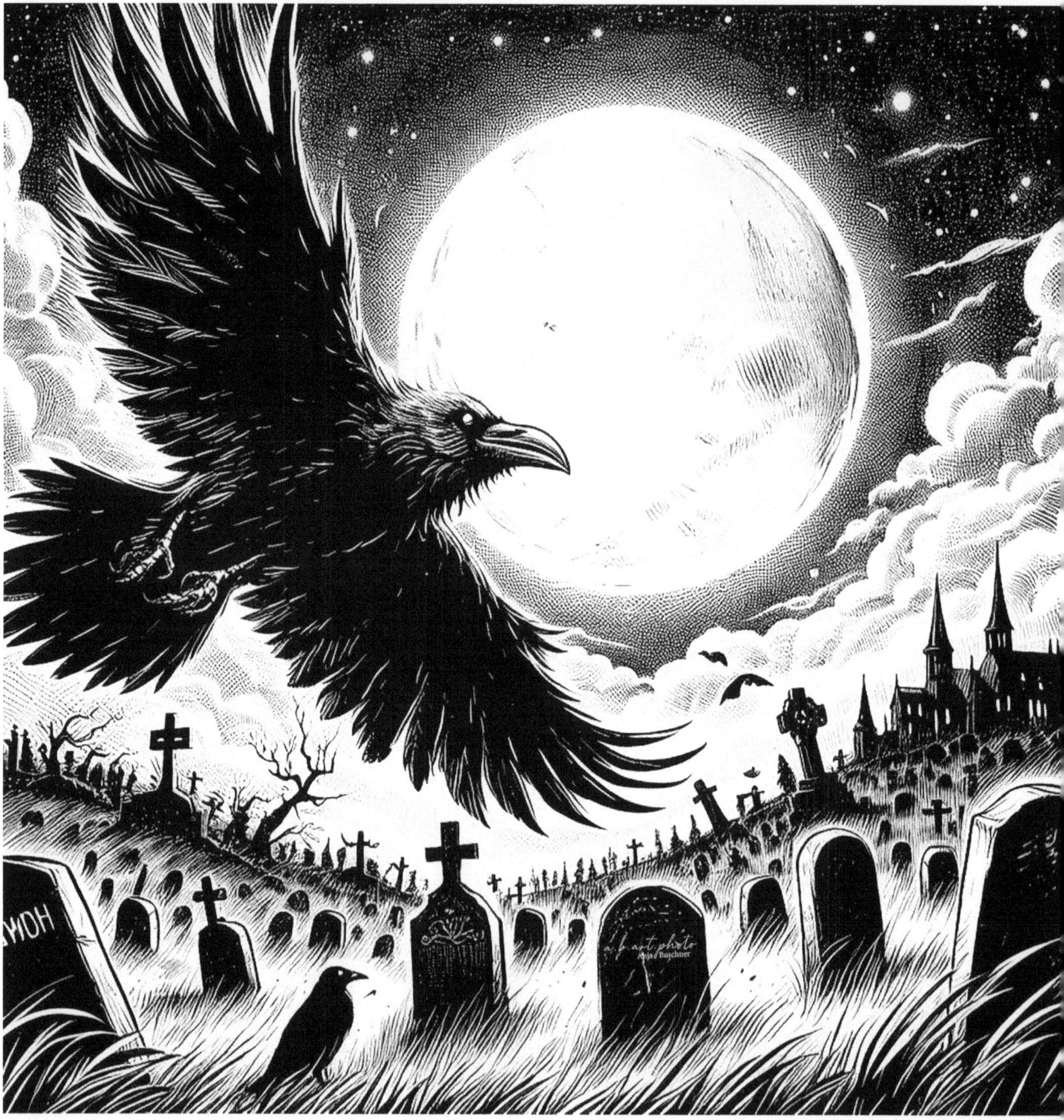
a.b.art.photo
Anja Buschner

Wenn ich tot bin

Wenn zu Grabe sie mich tragen,
was hinterlasse ich dann hier?
Bleiben meine Worte dann
nur fromme Wünsche auf Papier?

Was meine Reime wollen sagen,
werdet ihr es dann verstehen?
All das Elend dieser Welt
werdet ihr es dann auch sehen?

Werdet ihr mich dann vermissen,
wenn ich nicht mehr bei euch bin?
Wenn ihr euch an mich erinnert,
ergab mein Leben einen Sinn.

Liebe Leserinnen und Leser,

ich danke dir von Herzen, dass du dir die Zeit genommen hast, Trümmer und Hoffnung - Band 2 - zu entdecken. Deine Offenheit für diese Gedichtsammlung erfüllt mich mit großer Freude und Dankbarkeit.

Wie bereits im ersten Band spielen auch in diesem Buch die Bilder eine bedeutende Rolle. Jedes Bild enthält handgezeichnete Elemente, die ich direkt am PC erstellt habe, sowie KI-gestützte Technologien. Diese Mischung ermöglichte es mir, meine Visionen auf vielfältige und ansprechende Weise zu präsentieren. Ich hoffe, dass die Verbindung von Worten und Bildern dich berührt und inspiriert hat.

Lass uns gemeinsam daran arbeiten, die Welt ein Stück heller zu machen, das Schöne zu würdigen und für Gerechtigkeit einzutreten. Jeder von uns kann einen Unterschied machen, und ich hoffe, dass meine Gedichte dich ermutigen, deinen eigenen Beitrag zu leisten.

Herzlichst,

Anja Buschner

www.ingramcontent.com/pod-product-compliance
Ingram Content Group UK Ltd.
Pitfield, Milton Keynes, MK11 3LW, UK
UKHW012330151224
452404UK00007B/16